Lélio Fabiano dos Santos

O SILÊNCIO DO RIO COMPRIDO

MAZZA
edições

Capa
TÚLIO OLIVEIRA

Revisão
ANA EMÍLIA DE CARVALHO

S237s Santos, Lélio Fabiano dos.
O Silêncio do Rio Comprido / Lélio Fabiano dos Santos.– Belo Horizonte: Mazza Edições, 2019.
112 p.

ISBN: 978-85-7160-715-6

1. Memórias. 2. Religião. 3. Seminário.
I. Título.

2019-218 CDD: 200
CDU: 2

Elaborado por Odilio Hilario Moreira Junior - CRB-8/9949
Índice para catálogo sistemático:
1. Religião 200
2. Religião 2

Mazza Edições Ltda.
Rua Bragança, 101 – Pompeia
30280-410 Belo Horizonte - MG
(31) 3481-0591 • pedidos@mazzaedicoes.com.br

Marcel, Bruno, Isabela,
frutos mais doces
da viragem do rio.

Leila, árvore-mãe
abraçada no plantio
dos nossos frutos.

Marília, ouvinte
de tantos e compridos
silêncios do rio.

"Pinta-se o amor sempre menino, porque ainda que passe dos sete anos, nunca chega à idade do uso da razão. Usar a razão e amar são duas coisas que não se juntam. A alma de um menino que vem a ser? Uma vontade sem afeto e um entendimento sem uso."
(Padre Antônio Vieira, Sermão do Mandato – 1645)

"Bendizei ao Senhor fogo e ardor do verão,
bendizei ao Senhor frio e rigor do inverno,
bendizei ao Senhor luz e trevas."
(Benedicite)

SUMÁRIO

APRESENTAÇÃO

O Silêncio do Rio Comprido é uma história em alta voz dos sonhos e despertares de um menino provinciano de classe média e família numerosa cuja mãe queria que ele se tornasse padre.

Uma das partes mais absorventes do *Silêncio* é a alusão às intimidades, geralmente, guardadas sob sete chaves: a tormentosa e desigual luta contra a concupiscência de sacerdotes, assaltos enfrentados pelos seminaristas de parte de seus educadores e a subjugação ao poder de seus superiores.

Desprovido de intenções judiciais que buscam castigo penal ou retribuições financeiras, a denúncia ao abuso sexual presente no livro é o valente reconhecimento de que algo impróprio aconteceu no pretendido caminho aos altares. O autor não se concentra nas fraquezas da Igreja em geral e sim em suas experiências pessoais.

O Silêncio do Rio Comprido mantém um clímax progressivo desde o início, robustecendo-se a partir dos capítulos *Cânones* e *Atos dos Apóstolos I e II,* ao referir-se aos ataques de sacerdotes em incandescentes ações libidinosas e na criação de subterfúgios de indisfarçável conteúdo sexual. O texto alcança especial ressonância no capítulo *Apocalipse,* no cenário cardinalício onde o príncipe eclesiástico pretende seduzir o autor com uma espécie de promessa como futuro bispo, utilizando-a como pressão para o autorreconhecimento do jovem seminarista de suas fragilidades no campo sexual. Em sua crueza, este capítulo se complementa com o ostracismo que discriminava no Seminário os *pederastas delinquentes*, expulsos e isolados antes de serem devolvidos a suas famílias.

A importância da divulgação pública dos atos de acosso sexual por clérigos da Igreja Católica e de seus acobertamentos por parte de hierarcas ganhou considerável dimensão com o papa Francisco, não apenas com a expulsão de altos prelados, como, também, com a entrega dos acusados à Justiça.

Ao entrar e ao deixar o Seminário do Rio Comprido, o autor conta um percurso coerente e progressivo da descoberta do seu desejo e da renúncia à vocação sacerdotal e à Igreja. A trajetória percorrida em nove anos e meio foi realizada com serenidade e sem dramatizações. A narrativa segue pelas páginas, compensando seriedade com equilibrado senso de humor, lembrando o escritor e pacifista Amos Oz (1939-2018), que considerava o ceticismo, a argumentação e a jocosidade como antídotos para curar fanatismos de todas as plumagens.

É de se ressaltar, ainda, no livro de Lélio Fabiano dos Santos o paralelismo e a alternância entre as experiências sexuais padecidas no Seminário e as narrativas de admiráveis e carregadas cenas de refinado erotismo nas passagens que intermedeiam um processo psicanalítico e enlevados relacionamentos com mulheres.

O silêncio sobre os acontecimentos passados no Seminário do Rio Comprido no século XX nos traz um autor que, em uma narração corajosa e atrativa, cativa o leitor com um assunto que permaneceu, por muitos anos, como tabu na Igreja Católica e na própria sociedade.

L. Roberto Rodriguez C.
Sociólogo e assistente social colombiano, ex-professor da PUC Minas e representante do Alto Comissariado das Nações Unidas para os Refugiados (ACNUR) no Brasil e em vários países da América Latina e Europa.

Antífona

Com o olhar fixado na pintura do quadro entre o teto e o divã, a qual jamais soube o que significava, pensava em como definir aquela mulher se tivesse de responder, de pronto, a uma indagação.

Estrada de terra vinha-me à cabeça, sedimentada e clara à luz do sol, impenetrável aos olhos ante o cerrado verde-escuro das árvores ao cair da noite.

Estrada de terra corre solta e sem amarras, compondo e descompondo paisagens, leva embora ou de volta pessoas, coisas e destinos, pra lá e pra cá.

Estrada de terra atravessa lugares e passa por sítios recolhendo problemas, nem sempre trazendo soluções. Estrada de terra é a mãe.

Como vim parar aqui? Por que fui parar lá?

Preâmbulo

Encontrei-a abatida, recostada nas almofadas esparramadas na pequena sala do apartamento sem cadeiras e sem poltrona. Que mais ainda poderia acrescentar ou justificar? Lamentei porque aceitara mostrar o que vinha escrevendo: *O que você pretende com essa viagem ao passado*?, insistia.

Havíamos chegado ao apartamento após um dia cansativo de trabalho para ambos. Conseguira deixar a TV mais cedo que o habitual. Vinha mesmo imaginando que poderia ser penoso, mas, ao mesmo tempo, convencia-me da importância da continuidade da conversa, ou melhor, daquela história.

Ela seguia as justificativas e as explicações com a almofada entre os joelhos, a bermuda curtinha mostrando as bonitas pernas de coxas roliças e claras. O cabelo quase louro e anelado dava-lhe um ar mais jovial que sua idade. A blusa bege decotada deixava aparecer o começo dos seios pequenos, lindamente insinuados e sem o queimado de sol que se espalhava pelo corpo. Expansiva, alegre e conversadeira, tinha facilidade para se tornar, em pouco tempo, confidente das pessoas de quem se tornava amiga, entre as quais, eu. Acompanhava minhas loucuras, interferia nos meus casos, tomava partido, sempre com cuidado para não invadir.

Percebendo problemas, chegava com jeito, dizendo: *Olha, estamos precisando conversar.*

O relacionamento tivera início tumultuado e no momento atravessávamos o que se chama, comumente, boa fase.

Mal dissimulava o espanto ante a narrativa de fatos constrangedores ou comprometedores e, segundo ela, sem a mínima necessidade. Demonstrava ter conhecimento de passagens inéditas que, por intuição ou desconfiança, supunha estar por vir. Coisas que lhe doíam e, por que não, a mim também.

A partir da madrugada no motel *Play Boy*, nossas noites tinham passado a ser conjuntas, ou no meu, ou no dela. O que importava era a continuação da narrativa mesmo que fosse *replay* da sala com o quadro e o divã. Ela escutava. Eu contava e contava.

Gênesis

Alegre fica no sul do Espírito Santo, com predominância de cultura de subsistência e alguma expressão econômica baseada na plantação de café e na pecuária leiteira. Com uma população urbana de mais de trinta mil habitantes, o município se prolonga nos distritos de Celina, Rive, Anutiba, Araraí, São João do Norte, Café e Santa Angélica, e possui um IDH acima da média dos municípios brasileiros.

A Igreja Católica tem considerável proeminência, estendendo-se da sede a todas as comunidades da chamada zona rural, traduzida na vigorosa influência espiritual, política e moral manifestada, com eloquência, nas festas religiosas que atraem milhares de turistas e fiéis de todo o Espírito Santo e, também, de estados vizinhos.

A cidade-polo meridional capixaba é Cachoeiro do Itapemirim, que reforça sua liderança pela ligação que mantém com a cidade do Rio de Janeiro através de linhas diárias de ônibus, conexão ferroviária e até aérea.

Início dos anos cinquenta, portanto, menos de dez anos do fim da Segunda Guerra Mundial, e os países estão se rearranjando em todos os continentes. O Brasil havia sediado e perdido a quarta Copa do Mundo de Futebol, em 1950, a primeira que se realizava, desde 1938, véspera da deflagração do conflito mundial que, em seis anos, dizimara quase cinquenta milhões de pessoas na Europa.

O país era governado, novamente, pelo ex-ditador Getúlio Vargas, que vencera as últimas eleições presidenciais, em 3 de outubro do mesmo ano da Copa do Mundo, derrotando o candidato liberal brigadeiro Eduardo Gomes, da conservadora União Democrática Nacional.

O ex-ditador fora buscado pelas chamadas forças progressistas na sua fazenda em São Borja, no estado do Rio Grande do Sul, onde permanecera recolhido desde que fora afastado por militares e lideranças civis da presidência do Brasil, que exercera de 1930 a 1945. Eram tempos turbulentos em todo o território nacional.

Alegre era uma cidade pacata. A rua Dr. Chacon não possui calçamento e as casas ocupam, defronte ao Jardim Velho, o passeio que segue até o pé do morro da imponente matriz de Nossa Senhora da Penha. Do adro da igreja, divisa-se quase toda a cidade.

Com doze anos de idade, em véspera de completar o décimo terceiro, possui razoável formação escolar e religiosa. Após a conclusão do curso Primário no Instituto São José das Irmãs Vicentinas ou Irmãs de Caridade, estava para iniciar a terceira série do Ginasial no colégio estadual Aristeu Aguiar.

Sem falar das aulas de Catecismo, das prédicas nos encontros da Cruzada Infantil São Tarcísio, dos cursos de preparação para receber os sacramentos da

Eucaristia e da Crisma, do aprendizado para ajudar na celebração das missas em latim, das missões dos padres redentoristas e suas pregações escatológicas, das leituras bíblicas em retiros nos dias de carnaval, dos ramalhetes espirituais com a inumerável recitação de jaculatórias *et coetera, per omnia saecula saeculorum,* amém.

Durante os dois anos em que cursou o Ginasial, seu sonho de ser padre já estava esvoaçando-se, sobretudo, nos momentos em que, depois das aulas, descia com os colegas a rampa do Aristeu Aguiar e seguiam todos até a Guararema para espiar, na rua Treze, a casa da *Gaguinha*, citada sempre secretamente pelos adultos, povoando a imaginação excitada da meninada.

Conseguira enfrentar o cerco dos irmãos maristas que percorriam paróquias em busca de meninos com vocação religiosa. A desculpa fora a de que não queria ir para o seminário deles porque *irmãos* não celebravam missa, como os padres. A família chegara a se mudar para Juiz de Fora, onde cursou parte da primeira série do Ginasial na renomada Academia de Comércio. Retornaram para o Espírito Santo seis meses depois.

Em um ambiente no qual predominavam manifestações religiosas, as missas com sua magia e liturgia; o colorido dos paramentos e o idioma difícil de compreender; os cânticos repetidos que grudavam no ouvido; as pessoas levantando-se, ajoelhando-se ou sentando-se e até as roupas domingueiras fascinavam os meninos de famílias católicas, que disputavam o lugar de coroinhas para tocar campainhas e balançar turíbulos fumegantes, vestindo diferenciadas indumentárias vermelhas.

Ser padre era o que era.

Êxodo

Quarta-feira quente e ensolarada de março de 1952. Na véspera, tinham rezado o último terço em família, com o creio-em-deus-pai-todo-poderoso, um pai-nosso, três ave-marias, três glórias-ao-pai, mais cinco dezenas de ave-marias, a contemplação dos mistérios dolorosos e, ainda, uma salve-rainha no final.

Na calçada da casa estão a mãe, quatro irmãos, sete irmãs e o pai. O anunciado e temerosamente aguardado dia chegara. O lanche da tarde acabara de ser servido. Rápidas começam e acabam as despedidas, onze abraços e dois beijos trocados nas faces com a mãe. Lágrimas mal contidas e sem beijos dos irmãos e das irmãs. A família não tem o hábito de beijar, muito menos publicamente.

Na escala dos doze, é o sexto. Os cinco irmãos menores, com idades entre dois e dez anos, parecem não perceber a intensidade do momento. Os maiores, com idades entre quinze e vinte e cinco, se chegam a compreender, indagam-se interiormente. Assemelham-se a um coro mudo de tragédia grega. Soltassem a voz, poderiam exclamar: *Oh, irmão, por que partes assim e por que nos deixas?*

Quem vai partir é o que havia aceitado o que lhe fora destinado e, de todos, o que mais segura lágrimas.

O pai não participa do ato por ser ele quem o vai retirar.

Atravessando o Jardim Velho, de frente à casa da família, passam pelo prédio da prefeitura circundado por canteiros; pelas velhas árvores de fícus e gerânios de múltiplas espécies; pelos abundantes pés de beijo de cores rosa, vermelha e violeta; pelas cobiçadas camélias brancas, as mais vigiadas pelo jardineiro municipal *Joaquim Perigoso*; pelas duas centenárias e enormes castanheiras; pelo antigo e resistente repuxo de pouca água e muitas folhas boiando, até atingirem a rua Dr. Henrique Wanderley, de calçamento de paralelepípedos bem ajustados e, enfim, chegar à estação ferroviária. É um cortejo triste.

Não há registro de quais ou quantos dos irmãos e irmãs seguiram até o terminal. A mãe ficara em casa, continuando a derramar as lágrimas surgidas depois dos dois beijos nas faces.

Durante o percurso, ele e o pai não trocam palavra. O menino sente um nó que vai do estômago à garganta, que para no peito na ida e na volta. A sensação é a de estar sendo arrancado de algum lugar, do Jardim Velho, onde jogava as peladas, em cujos bancos montavam os campos para as partidas de futebol de botão e costumava conversar com o Walfrido, filho do dono do hotel Avenida, mais velho do que ele, sobre o time do Flamengo, primeira paixão de infância. Anos mais tarde, o amigo foi assassinado na mal iluminada rua do cemitério municipal, no alto do morro, atrás da igreja matriz. Fora atraído até lá pela amante, coagida pelo marido que descobrira a traição conjugal e, saindo da tocaia, esfaqueou-o, cortou-lhe o pinto e enfiou-o dentro de sua boca morta.

Às três horas da tarde, subiram no vagão da primeira classe do trem da Leopoldina Railway, com certeza o trem da sua vida, com destino a Cachoeiro do Itapemirim. O pai acomodou sua pequena maleta e as duas malas do filho no bagageiro acima da poltrona de couro, onde se sentaram um ao lado do outro.

O trem partiu sem atraso, às três e meia, deixando vagarosamente a plataforma, os alaridos dos que ficaram acenando e gritando os últimos adeuses. Da janela, olhava a lustrosa locomotiva preta e a fumaça cinzenta expelida sobre as paisagens, fazendo sumir, em segundos, casas, casebres, cercas, plantações, gente, bichos e tudo que ia restando da cidade.

Dormiram pai e filho no Grande Hotel, o principal de Cachoeiro do Itapemirim, localizado na praça que abriga a igreja matriz, mais tarde, catedral de São Pedro, quando Cachoeiro veio a se tornar sede de diocese, tornando o sul do Espírito Santo, pastoralmente, independente da capital Vitória.

Pela primeira vez, dormira fora de casa e da sua cama, em um quarto no qual não tivesse companhia de irmão.

O deslumbramento veio, pela manhã, após o café americano, quando o automóvel estacionou junto à calçada do Grande Hotel. O carro da companhia aérea chegara para levá-los ao campo de aviação, a longa pista de terra entre os dois morros que abraçam

Cachoeiro do Itapemirim, a *Princesa do Sul,* como os cachoeirenses chamam sua cidade. O prédio é pouco menos modesto que a rodoviária de Alegre. Sem anúncio, um funcionário uniformizado leva-os até a aeronave. Sobem as escadinhas e são recebidos pela sorridente aeromoça.

A emoção de viajar de avião, pela primeira vez, aplacava a tristeza intensa da véspera. Os cintos se encontram, devidamente, afivelados nas poltronas quando levanta voo a vistosa aeronave da Navegação Aérea Brasileira - NAB. A catedral de São Pedro e todo o sul do Espírito Santo foram ficando lá atrás, lá embaixo.

Durou pouco mais de uma hora o voo até o *Santos Dumont,* aeroporto da capital do Brasil, à beira da mitológica Baía de Guanabara, de sonho, magia e esplendor para um garoto de Alegre. Desembarcava na cidade da Rádio Nacional dos celebrados e concorridos programas de auditório, das novelas acompanhadas como novenas em quase todas as cidades capixabas e das transmissões esportivas do campeonato carioca de futebol.

Logo, estava na avenida Rio Branco, na Cinelândia, no Largo da Carioca e sob os Arcos da Lapa; diante do Palácio Tiradentes, que abrigava a Câmara dos Deputados e do Palácio Monroe, o prédio do Senado Federal, na Praça Paris, pouco antes de ser demolido, explodindo a paisagem de cartão-postal para dar lugar ao Aterro do Flamengo, local que viria abrigar o Museu de Arte Moderna e o Monumento dos Pracinhas.

Inacreditável estar olhando maravilhado para as vitrines da loja Gebara e da Exposição da Avenida; para a confeitaria Colombo, na rua Gonçalves Dias, com a quantidade de espelhos, prateleiras, cadeiras e mesas originárias da inauguração, ao final do século XIX e afamada pelos pães, roscas, bolos, doces e chás, reiteradamente, enaltecida pelos adultos, entre eles, a mãe e o pai, voltando de viagens ao Rio de Janeiro.

Emocionava-se só de pensar que pisava na cidade do *campo da Gávea*, do Flamengo e dos demais templos de todos os times do campeonato carioca que, em turno e returno, enchiam a imaginação nas tardes de sábados e domingos: *Álvaro Chaves*, do Fluminense; *São Januário*, do Vasco da Gama; *General Severiano*, do Botafogo; *Teixeira de Melo*, do Bonsucesso; *Conselheiro Galvão*, do Madureira; *Campos Sales*, do América; *Bariri*, do Olaria; *Figueira de Melo*, do São Cristóvão; *Moça Bonita*, do Bangu, e *Caio Martins*, do outro lado da Baía de Guanabara, do Canto do Rio, em Niterói.

Era um mundo que os amantes do futebol conheciam pelas vozes de Antônio Cordeiro e Jorge Cury, nas transmissões das partidas ou nas resenhas esportivas, todos os dias, às seis e meia da tarde, ouvindo o programa *No Mundo da Bola*, da Rádio Nacional.

Estava próximo do time do coração, perto do meia-direita Zizinho, do *goal keeper* Luiz Borracha, do meia-esquerda Jair, dos técnicos Flávio Costa e Fleitas Solich; de Ari Barroso, que irradiava com paixão incomum os jogos do Flamengo, soprando sua inefável gaita, quando Zizinho ou Rubens, ou os meio-médios

Biguá, Bria e Jaime, ou qualquer outro rubro-negro viesse a colocar a bola na rede; ainda e além, Barroso animava os programas de auditório da Rádio Nacional, apresentando Francisco Alves, o rei da voz, as rainhas do rádio Marlene e Emilinha, tantos outros e tantas outras.

Rememorou para o pai, torcedor do Botafogo, a escalação da equipe alvinegra campeã de 1948: Osvaldo, Gerson e Santos; Rubinho, Ávila e Juvenal; Paraguaio, Geninho, Pirilo, Otávio e Braguinha. Ele desanimara do futebol após ter assistido à final da Copa do Mundo de 1950, no estádio municipal do Maracanã. Calara-se junto com a multidão de torcedores no mais longo silêncio coletivo mundial, quando cerca de duzentas mil pessoas emudeceram após o segundo gol do Uruguai, desempatando o jogo e vencendo o Brasil por dois a um.

Isaac

Antes das três e meia da tarde do dia da chegada à cidade mágica da praia de Copacabana, a *Princesinha do mar*, vinte e quatro horas após deixar a casa da rua Dr. Chacon e atravessar o Jardim Velho, conduzido pelas mãos do pai, aproximavam-se do destino traçado.

O pai dirigiu-se com ele ao restaurante *Flor do Rio Comprido*, no Largo do Rio Comprido, a poucos metros da estação final. Terminado o almoço, sem pedirem sobremesa, o pai observa-lhe que ele deixara no prato quase toda a comida. Justificou-se dizendo pensar *que o "filé à moda da casa" poderia ser um bife à moda da casa da gente.*

Enquanto o garçom fora buscar a conta, o filho ouviu a pergunta derradeira: *Você quer ir mesmo? Ainda podemos desistir.* A fisionomia do pai denotava tristeza e a voz estava embargada. Acenou para ele que sim com a cabeça.

Quarenta e cinco anos, gerente de banco, doze filhos, segurando e ao mesmo tempo largando as mãos do sexto, viu o gesto de Isaac se dirigindo a Abraão dizendo que estava pronto. O sacrifício se daria dali a pouco na avenida Paulo de Frontin, quinhentos e sessenta e oito, bairro do Rio Comprido, zona Norte do Rio de Janeiro, endereço do Seminário Arquidiocesano de São José, próximo ao morro do Sumaré, onde ficava o palácio apostólico, residência de dom Jaime de Barros Câmara, cardeal arcebispo de São Sebastião do Rio de Janeiro.

Outros meninos chegavam ao mesmo tempo e iam sendo recebidos por um padre sorridente na portaria do prédio de concreto aparente, em um amplo saguão onde se concentrava meia centena de garotos, acompanhados de pais e mães.

Despediram-se pai e filho com silencioso abraço, cada um segurando o próprio choro. O filho, com o nó que subia e voltava entre o peito e a garganta desde a véspera, beijou-lhe o rosto e a mão direita, pedindo a bênção. O pai beijou-lhe a testa.

Ambos pareciam compartir o reconhecimento de uma profecia. Recebei, ó Deus, este cordeiro!

Deuteronômio

Um seminarista veio ajudar com as malas até o dormitório, salão com oito grandes janelas, do tamanho de duas quadras de basquetebol, onde estavam alinhadas sessenta camas em seis fileiras de dez. Ficava no segundo andar de uma das alas antigas, ao fundo do conjunto moderno do Seminário com acesso pela avenida Paulo de Frontin, na qual corria o filete de água do rio Comprido, separando as duas mãos do trecho onde, hoje, está o viaduto para a zona Sul carioca.

O futuro colega explicou o procedimento para a arrumação do leito, no qual deviam ficar dependuradas as toalhas de banho, de rosto e o saco azul para roupa suja, bordado com o número da matrícula. Quem lavava, passava e cozinhava eram freiras, auxiliadas por noviças; as mesmas cujos vultos mal podiam ser avistados através da portinhola, que servia para passar as travessas de comida da cozinha ao balcão, de onde uma escala de seminaristas as levava para as mesas do refeitório, com dois bancos sem encosto, onde se assentavam três de cada lado.

Durante o almoço tinham um pequeno tempo para conversas, antecedido da oração de agradecimento pela comida e, logo, interrompido para avisos e recomendações. No cair da noite, o jantar era servido, em silêncio, para escutarem a leitura, por um dos colegas, do *Martyrologium Romanum,* livro universal da Igreja Católica sobre as vidas de mais de mil santos e mártires.

No dormitório, ao longo da parede que se estendia desde a entrada, havia vinte e cinco pias para as abluções pessoais. Antes de usá-las pela manhã, todos deviam levantar-se, ao mesmo tempo, tão logo ouvissem o estridente apito da sirene para trocarem, em poucos minutos, o pijama pelo uniforme.

O ritual estabelecia que se colocasse um lençol sobre as costas, segurando as pontas entre os dentes, deixando as mãos livres para baixar uma calça e subir a outra, voltados para uma mesma direção, tomando o máximo cuidado para não expor as partes íntimas do corpo.

Os chuveiros, com água fria, ficavam ao lado do campinho de futebol, no andar térreo, e os banhos eram tomados no fim de tarde.

Entre seus pertences estava trazendo um exemplar do *Jornal dos Sports,* matutino carioca, celebrado pela qualidade editorial e conhecido pela originalidade da cor rosa de suas páginas. Fora-lhe dado pelo pai, que o comprara na banca do aeroporto.

Ao reparar no impresso, o colega tomou a iniciativa de alertar que eram proibidos jornais e revistas, exceção natural para publicações religiosas. Sem que o veterano percebesse, escondeu o jornal sob o colchão da cama que lhe estava destinada. A manchete – *Cirurgia no joelho de Pavão afasta-o do campeonato* – foi parar embaixo de capim. *Não era grama, Pavão, desculpe.*

Após ter deixado o filho na avenida Paulo de Frontin, na quinta-feira, o pai permaneceu no Rio de Janeiro até o domingo, dia da primeira visita das famílias e da cerimônia de recepção das batininhas pretas com uma faixa azul na cintura, que passariam a ser portadas pelos recém-chegados em solenidades litúrgicas. Para o dia a dia constava do enxoval o uniforme, com a calça e o dólmã cáquis com botões de metal escuro, semelhantes aos dos alunos de escolas militares.

Nesses primeiros dias que antecederam a visita, novatos e veteranos foram sendo apresentados uns aos outros. Trocavam nomes e números de matrícula, origens familiares e geográficas, preferências esportivas e clubistas.

Nas três noites que se seguiram, estranhou a quantidade de pessoas dormindo em um espaço comum e lembrava-se do quarto com o irmão. Rolava na cama tão diferente da sua e chorou baixinho enquanto o sono não vinha. Jurava que, no domingo da visita, pediria ao pai para levá-lo de volta. Admitiria que, verdadeiramente, não queria ser padre, queria voltar para casa, para o Jardim Velho, para a terceira série do Ginasial do Aristeu Aguiar.

Lembrava-se do Walfrido, o amigo mais velho que, no banco do jardim, brincava: *Você não vai aguentar! Quando escutar gol do Flamengo! Zizinho! Você vai sair correndo...*

O campo da Gávea tinha ficado mais longe, a poucos quilômetros de onde agora se encontrava.

Quão distantes, igualmente, as peladas em frente ao prédio da prefeitura; as partidas de futebol de botão, nas quais seu time contava com estrelas como o *Ademir*, adquirido por seis cruzeiros de um colega do ginásio, e com o *Zizinho*, o botão marrom, arrancado da gabardina do pai, raspado nas bordas para levantar as bolinhas de cera feitas das velas do altar da igreja matriz.

Morando na cidade do Rio de Janeiro, voltaram a ficar longínquas as ondas médias e curtas da Rádio Nacional. Não escutava as vozes de Antônio Cordeiro e Jorge Cury: um transmitindo o ataque do Flamengo e a defesa do Vasco; o outro, o ataque do Vasco e a defesa do Flamengo, sempre num patrocínio da companhia e cervejaria Brahma.

Sentia e prometia-se falar para o pai: *Quero voltar, quero de volta o quarto com meu irmão e a minha cama; não quero os amigos daqui, quero os amigos de lá; não suporto a comida do refeitório, quero a comida da minha casa. Não quero ser padre. Não sei o que quero ser.*

A recepção aos novos seminaristas foi realizada no saguão de entrada do prédio e prolongou-se por mais de uma hora. Faltava-lhe coragem para manifestar a radical decisão tomada ao longo das três noites cariocas de choro.

Notava que o pai levava, a todo o momento, o lenço aos olhos durante a fala de boas-vindas do padre reitor às famílias: *Nosso Seminário acolhe com alegria os futuros sacerdotes que sairão pregando a boa nova do Evangelho para o mundo, esses jovens que deixam suas famílias para se dedicar inteiros a Deus. A batina que, nesta tarde, recebem é o símbolo da renúncia que fazem às vaidades terrenas. E mais e mais e mais...*

Sem choro, encheu-se de brio para dizer: *Papai, eu vou ser padre sim. Sua bênção.*

Porteira por onde passa boi passa boiada e assim se passaram dez anos, tempo suficiente para a realização de duas Copas do Mundo, a da Suíça e a da Suécia. A do Chile aconteceria no distante ano de 1962.

Não mais voltaria à sala do pai, na agência do banco, para ler nas edições de *O Jornal*, o matutino carioca líder dos Diários Associados, com três ou quadro dias de atraso, as notícias de esporte, com as fotos dos onze técnicos dos times cariocas, no alto da última página, ilustrando a tabela de classificação no campeonato, após a rodada do último fim de semana.

Cânones

Introibo ad altarem Dei. Ad Deum qui laetificat juventutem meam.

Durante pouco mais de nove anos e meio, o dia começava com a frase do introito da missa diária, com o celebrante de frente para o altar da capela e de costas para os fiéis, às seis da manhã. Fazendo ainda escuro, levantavam-se de suas camas as seis dezenas de garotos. Como em uma unidade militar, tinham pouco tempo para arrumar suas camas e correr para as abluções, vestidos com a calça e a camisa do uniforme, seguindo o manual de normas para a troca do pijama, sem que nenhum tivesse visto a bunda do outro.

A vida seguia, ora com aulas, estudos e recreios, ora movimentada pelas saídas coletivas para as praias de Paquetá, ilha do Governador, Niterói e Jacarepaguá ou para cerimônias litúrgicas na catedral. Campeonatos internos de futebol de campo ou de salão, de vôlei e de basquete e, vez por outra, palestras com pessoas de fora faziam do Seminário do Rio Comprido um internato como tantos outros no país e mundo afora nos anos cinquenta e sessenta do século vinte.

Mensalmente, organizavam uma sessão de cinema, sempre muito aguardada. No refeitório, enfileiravam-se os bancos para a plateia e improvisavam a tela sobre um lençol esticado na parede. Eram exibidas películas, prévia e seletivamente, escolhidas – *A máscara de ferro, A caravana emboscada, Capitão Tempestade, A verdadeira glória, A ilha do tesouro, Ladrões de bicicleta* e outros tantos que recordavam o *Cine Trianon*, na praça do Jardim Novo, e o *Cine São José*, localizado no auditório do colégio das Irmãs, pertencente à paróquia de Nossa Senhora da Penha, no qual os filmes eram assistidos de graça, porque o pai era o gerente.

A cada dois meses, vez dos imemoráveis retiros espirituais. Três dias de capela, orações, sermões, homilias, meditações, confissões, arrependimentos, bons propósitos e silêncio, mesmo durante os intervalos das aulas e durante os recreios. Era proibido falar.

Os pregadores, vindos de fora, eram, geralmente, padres mais idosos pertencentes a congregações religiosas, como as dos jesuítas, lazaristas ou redentoristas e chegavam precedidos da fama de bons oradores, *à La Padre Antônio Vieira*.

Não ofereciam, no entanto, suas prédicas oportunidade para quem quisesse ficar em paz com Deus, o ser supremo e onipresente, capaz de nos ver em toda parte e nos surpreender em qualquer situação pecaminosa.

A esse Deus acabava-se temendo mais do que a Lúcifer, o anjo expulso do Paraíso depois de se revoltar contra o próprio criador, tornando-se o demônio que tenta e atrai para o Inferno as almas impuras.

A voz tonitruante e ameaçadora do pregador reboava por toda a capela e o tema recorrente girava em torno do Pecado, palavra que se pronunciava com letra maiúscula: *Há em mim algo que põe minha alma em perigo de pecado mortal? Há em mim alguma falta ou pecado venial? Este pecado venial é habitual? Há em mim alguma falta que põe em perigo minha vocação? Que coisa eu digo com o menor prazer ou maior dificuldade na confissão? Há alguma coisa neste retiro que eu sinta como o meu ponto fraco? Há alguma coisa neste retiro que eu tenha desejado de Cristo para mim?*

A vida dos seminaristas devia mudar para melhor a cada retiro espiritual. O pregador finalizava as intervenções estabelecendo as disposições com as quais precisavam todos ficar comprometidos até o ano seguinte: *Devo ter um ideal muito elevado, a santidade. Devo ser homem indiferente a todas as coisas criadas para não possuir outra coisa senão Deus. Homem morto ao pecado. Mortificação das paixões. Levantar-se depois de cada queda...*

O que era indiferença a todas as coisas criadas? Como possuir Deus? Como aprender santidade? Mortificar paixões, como? Como se levantar após cada queda, quantas quedas serão admitidas? Eram perguntas que não se calavam.

Esmerava-se o mais que podia o pregador para descobrir maçãs podres no cesto em que estavam depositados. Na aterrorizada plateia, imaginava razoável a existência de um, ou mais de um, fruto podre; alguém com pecado mortal não levado ao seu confessor.

Insinuava que ao pé da cama desse pecador, junto do saco azul da roupa suja, estava um monstro, o demônio que impedia esse amado pupilo de Nosso

Senhor Jesus Cristo de confessar-se, arrepender-se e não mais voltar a cair em tentação.

Ao terceiro e último dia da cansativa refrega espiritual, não se tendo encaminhado ao confessionário, o pecador teria sua garganta esgoelada pelo monstro e sua alma condenada viveria, para sempre, no fogo do Inferno, perorava o pregador, braços abertos, olhos esbugalhados, decompondo, sílaba por sílaba, o advérbio *e-ter-na-men-te, e-ter-na-men-te...*

Perguntava-se, culposamente, se poderia o pregador estar se referindo a ele. Ignorava a métrica da venialidade ou da mortalidade dos pecados. O pecado mais grave que lhe ocorria fora o de ter olhado a mãe seminua, de costas, quando abrira, inadvertidamente, a porta do quarto de casal e a surpreendeu trocando de roupa. Ela nunca ficou sabendo e nem mesmo o padre com quem se confessou porque contou o *pecado* com o eufemismo: *Padre, eu vi bobagem.* Pensar que o patrono da sua divisão era Estanislau Kostka, santo cuja maior virtude fora o voto de jamais olhar para mulher alguma, incluindo a própria mãe. Pudesse, teria ficado mais tempo junto à porta do quarto dos pais, ao fundo do corredor, admirando as sinuosidades das curvas maternas brancas e claras.

Atos dos Apóstolos I

A ingenuidade de menino que brincava de pique e jogava botão no Jardim Velho não lhe permitia perceber modos diferenciados de comportamento entre os muitos padres do Seminário, professores das disciplinas das séries ginasiais, que jogavam futebol nos recreios, que davam aulas de canto gregoriano e, muito menos, no padre responsável pela divisão dos menores.

Uma noite, depois de todos os meninos se terem recolhido a seus leitos, fazendo a volta habitual pelas alas do dormitório, luzes apagadas, percebendo-o acordado, deteve-se ao lado da cama, perguntou-lhe o que estava achando do Seminário e se já havia ejaculado alguma vez, explicando do que se tratava. De modo inesperado, introduziu a mão sob o lençol, iniciando um estranho alisamento de uma das coxas. De modo instintivo, desconfiado e surpreso, puxou o lençol, tossiu alto e o afastou abruptamente.

O mesmo sacerdote costumava levar os seminaristas resfriados, para tomar banho quente em seu quarto. Os apartamentos dos padres eram acomodações simples, com espaços distintos para estudo, quarto e banheiro privativo. Solicitava aos garotos gripados que, antes de começarem o banho, fossem tirando as roupas, enquanto ele ajustava a temperatura da água no sistema de aquecimento a gás, ordenando: *Vão descendo, que eu vou regulando...*

A frase repetida pelo padre prefeito com a mesma frequência dos resfriados era alvo de pilhéria entre os garotos que, inocentemente, morriam de rir ao recordá-la durante conversas nas horas de recreio.

Passados os dois primeiros anos, os aprovados na segunda série eram promovidos para a divisão dos médios, do patrono São João Berchmans, jesuíta belga, padroeiro da juventude estudantil.

Tendo deixado a família pela vocação do celibato, nas questões de sexualidade a ignorância era do tamanho da sua inocência. Sob o apadrinhamento do novo santo, começou a se perceber com as primeiras manifestações de pulsão sexual. A adolescência, religiosamente, reprimida poupara-o até a altura de maiores conhecimentos, de maledicências ou de desfrutes. Não se sentia capaz de entender por que o coração disparava toda vez que o colega de cabelo crespo, olhos castanhos e mais para o tímido se aproximava.

Surpreendia-se praticando *jogos de mão,* expressão idiomática clerical para denominar buscas dissimuladas de toques recíprocos entre colegas em brincadeiras que eram, severamente, repreendidas segundo os ditames para a formação da castidade. O rosto afogueado pelo calor vindo de dentro, coração acelerado e pinto crescendo dentro das calças... *Que isso, meu Deus?!* Durante os ofícios religiosos, os olhares cúmplices se procuravam.

Despertou para a seriedade que lhe provocava o desconhecido e agradável fenômeno, depois de uma escapada, no meio da tarde, até o dormitório, na hora do recreio. Com o pau duro, ouviu o jovem de cabelo crespo e olhos castanhos pedir-lhe que segurasse o dele, em igual estado. Defrontava-se com a ameaça concreta de cometer o primeiro pecado contra a castidade. Confuso e arrependido, abandonou, correndo, o colega em meio às camas do dormitório vazio.

Tempos depois, o jovem de cabelo crespo, olhos castanhos e mais para o tímido deixou o Seminário, não retornando dos cinco dias das férias familiares, antes de todos subirem para a fazenda em Itaipava.

Na reta final dos estudos do Seminário Menor, junto com colegas que acabaram de terminar o Ginasial, passou para a divisão de São Luís de Gonzaga, outro santo jesuíta, filho de um marquês italiano do século XVI, assíduo frequentador das cortes europeias, às quais acabou renunciando para viver em castidade.

Os patronos que acompanhavam a trajetória pelo Seminário se distinguiam em suas hagiografias pela especial virtude à qual os padres precisavam jurar fidelidade eterna, a castidade.

Seguia aproveitando as oportunidades de crescer em idade e conhecimento, avançando nos estudos do grego e do latim, português histórico, literatura brasileira e introduções a algumas artes.

Aumentavam, todavia, gradativas e constantes as dificuldades para enfrentar santos e demônios, padres e colegas nos embates pela castidade, incluindo a luta contra o chamado *vício solitário*. A expressão usada pelos padres substituía a palavra masturbação, sinônimo pejorativo de outra *má* palavra, o onanismo, proveniente de Onam, personagem bíblico desobediente da ordem divina de dar posteridade ao irmão falecido, preferindo deitar por terra o líquido seminal, sem cumprir o desígnio de Deus ao copular com a cunhada viúva, recusando-se a engravidá-la.

Por recomendação, leu *O Vício Solitário*, que trazia na capa a figura de um assustado jovem, agarrado a uma enorme pedra preciosa, maior do que ele próprio, em cima de um promontório em cuja base se aninhava um punhado de serpentes ameaçadoras.

Atos dos Apóstolos II

O prefeito da nova divisão convocou-o, certa noite, para ir até o salão de estudos, no andar abaixo do dormitório, quando todos os colegas já se tinham recolhido. Sentou-se na cadeira postada atrás da mesa defronte às carteiras dos alunos, e o fez sentar-se ao seu lado. Não saberia justificar o porquê do encontro, que durou pouco. A lembrança é de que notara no superior certa afobação e a fala um tanto confusa e ofegante.

Houve uma segunda convocação. Após um começo de conversa fiada, nas mesmas posições e local em que estiveram da vez anterior e, certamente, por causa da sua barriga avantajada, afrouxou o cinto da calça. Surpreendentemente, abriu a braguilha, deixando à mostra uma enorme cueca samba-canção. Quase embolando a língua, pediu ou mandou que o rapaz passasse as unhas na sua barriga, *que estava coçando abaixo do umbigo*. Vendo-se timidamente obedecido, o padre insistiu que descesse a mão até mais abaixo, deixando à vista o pênis saindo pela fresta da cueca. Ao estupor aliou-se a sensação de ter, sob domínio, o superior todo poderoso à luz do dia, suplicando uma bolinação. Suas mãos, obedientemente, deslizaram ligeiras pela estufada barriga tomando especial cuidado de não tocar no esticado pênis clerical.

Assustava-o o frenesi e escutava gemê-lo de calças arriadas no chão por baixo da batina. O superior, quando não mais aguentou, encheu-se de vontade de pecar contra o sexto mandamento e ordenou ao discípulo: *Pega, pega.*

Qual dos patronos da juventude terá vindo em auxílio? Entre o medo e a vergonha, largou-o sentado à cadeira, de calça arriada, no escuro do salão de estudo. Subiu correndo para o dormitório, inocente e raivosamente, culpando-se de ter caído na cilada.

Duas manhãs seguintes à ocorrência, o padre o procurou após a missa que acabara de celebrar para pedir desculpas, reforçando que procurara o seu confessor, arrependera-se e o acontecido não mais se repetiria.

Passado um tempo, com forte gripe e febre altíssima, uma alucinação o fez acordar, no meio da noite, no dormitório, gritando: *Quatrocentos andares, quatrocentos andares.* Isso despertou e assustou os colegas vizinhos de cama, fazendo o padre prefeito aparecer e buscá-lo para dormir em seu quarto. Deu-lhe um comprimido antitérmico e estendeu um colchonete ao pé de seu leito. Amainada a febre, o paciente adormeceu virado para o canto.

Acordou, pouco depois, ao sentir que o superior deitara-se a seu lado no colchonete, pênis ereto buscando a bunda juvenil vestida com pijama comprido. O pânico ante a ameaça da cena repetida o fez levantar-se de um só pulo, abrir a porta do quarto, felizmente com a chave enfiada na fechadura, ganhar o dormitório, chegar até sua cama e deitar-se, sem sono, assustado e com medo.

Deus começava a desaparecer como se tivessem se despregado da sua denominação as letras do seu princípio e do seu fim, extinguindo-se o substantivo próprio, DeuS, restando o pronome da primeira pessoa do singular, eu.

Epifania

Muitas voltas foram dadas até outro encontro na sala do quadro fixado entre o teto e o divã.

Seguia viajando pela estrada de terra, clara à luz do dia e escura diante do verde-cerrado das árvores, ao cair da noite. Estradas nos devolvem, encobertas por névoas, memórias de terras por onde se passou e por onde se descaminhou.

Olhava paisagens que se desfaziam sob a fumaça cinzenta de negras locomotivas e assustava-me com as águas enfurecidas da Baía de Guanabara inundando o sul do Espírito Santo e afogando, na matriz de Nossa Senhora da Penha, padres, fiéis, amigos do Jardim Velho, família, o Walfrido e toda a gente lá dentro.

O quadro com a pintura passara a constituir elemento de composição cenográfica de uma peça teatral de monólogos, silêncios e diálogos; escutas, espelhos e perguntas; idas, vindas e revoltas; casos, coisas e causas; percursos e pendências; caminhos e descaminhos; regozijos, recompensas e redescobertas; missas, rezas e rosários mal rezados; dores, dúvidas e decepções; paixões, traições e comoções; lágrimas represadas e risadas desconfortadas; encontros e desencontros; ditos e interditos; dissonâncias e harmonias; perdas e achados; soluços e soluções; anjos, arcanjos e demônios;

pecadores, padres e poetas; homens descompadecidos e mulheres compadecidas; embarques e embrulhos; desembarques e desembrulhos; sonhos e pulsões; mistérios gozosos, gloriosos e dolorosos em nome do filho da mãe e do pai. Rogai por nós!

Sonhava que viajava no vagão de cargas, havia horas, e comecei a escutar rangeres de ferros das rodas de máquina e vagões de trem prenunciando uma parada.

Descia na plataforma escura e deserta, sem luzes e sem gente, em plena noite. A alma viva reagiu à pergunta que lugar era: *Três Motivos*. E ante o espanto de nova indagação – *Tinha três motivos para não existir* –, nosso tempo terminou.

A direção tomada a partir da saída pela zona Sul da cidade não suscitou questionamento. A escuridão da noite no início da rodovia de continuação da avenida Nossa Senhora do Carmo, ainda sem iluminação urbana, só era interrompida pelos faróis dos veículos da movimentada estrada que liga Belo Horizonte ao Rio de Janeiro.

A luminosidade logo após uma curva torna-se feérica, provocada pelas lâmpadas nos postes gigantes que sinalizam o conjunto de motéis recém-construídos na capital mineira no início dos anos setenta.

O beijo na boca à chegada ao motel *Play Boy* selou o acordo tácito, desejado e por ambos esperado. A voz da recepcionista na portaria foi, rapidamente, abafada pelo ronco do fusquinha arrancando para a suíte com o número informado. Desligar o motor, abrir a porta para a passageira e empurrar o pesado portão foram os passos seguintes. Cerrada a entrada do quarto, abraços e beijos foram relaxando a tensão daquela aguardada primeira vez. As paredes pintadas com o gosto duvidoso das decorações da maioria dos motéis pareceram simplesmente lindas.

Sentei-a suavemente na cama e delicadamente puxei seu vestido pela cabeça. O corpo claro e magro, seios sem *soutien*, tomou conta da cena, estirado sobre o lençol lilás. Sua nudez excitava e me retardava tirar a própria roupa. Tinha à minha frente na mesma cama a beleza de uma maja desnuda.

Abraçados e deitados, buscava ter seu corpo o mais encostado em todas as partes que eu pudesse do meu. Nunca me estivera tão próxima. Tão minha. Quanto. Toda.

Alguns serviços de quarto depois, intervalos regulamentares, segundo tempo e prorrogações, o ritual foi retomado.

Servimo-nos do líquido nosso de cada noite. Ela, copo entre as mãos magras, desculpava-se vez mais pela insistência de retomar os reclamos das narrativas do Rio Comprido. E repetia: *O que o faz continuar a viagem de tanta exposição, diga-me!*

Aproveitou o tempo demorado da resposta para me recordar o vexame histórico em Governador Valadares, cidade do leste mineiro, aonde eu fora cobrir para o jornal carioca em que trabalhava a invasão de terras, pouco antes do golpe militar de 64, liderada pelo sapateiro camponês valadarense *Chicão*.

À noite, os enviados especiais de diversos veículos de comunicação do país acabavam na zona boêmia de Governador Valadares, considerada das mais famosas de Minas Gerais, pelas luxuosas casas de prostituição e, claro, pelas suas profissionais.

Sentado à mesa com um colega de Belo Horizonte, respeitado por seus textos e conhecido pela homossexualidade militante, botei os olhos na mulher alta, tez alvíssima, cabelo louríssimo, vestido verde-claro comprido, aberto do lado esquerdo de todo o corpo, seios saltando, flancos largos, calcinha verde-escura, coxas grossas em longas pernas, pés e mãos de unhas pintadas com esmalte vermelho vivíssimo.

Interrompi a conversa com o colega para apontar no meio do salão a felliniana Anita Ekberg do Vale do Rio Doce, atraindo meu olhar concupiscente de ex-seminarista pronto para a esbórnia e despreparado para abordagens e ataques a hostes femininas.

O colega de profissão me estimulou: *Se você está com vontade, por que não chega lá?* Meu conflito não era mais com a Igreja, nem com o pecado, sim pela namorada de Belo Horizonte, a quem pensava jamais trair, muito menos com uma prostituta.

A mulher alta e clara, quase nua, estava ao alcance. Esforçava-me para afastar lembranças como a de *Guy de Larigaudie*, escritor católico de *Estrela de alto mar*, que, ao receber o convite de uma linda mulher em uma praia deserta na ilha de Bali, contou que *só havia uma coisa a fazer, não a fiz! Esporeei o cavalo e saí a galope, chorando por não ter feito! Mas feliz por não ter sucumbido à tentação!*

Dois goles de cerveja após, já dançava com a *Santinha*, a puta mais bonita do Vale do Rio Doce. Agarrado meu corpo ao dela, morrendo de vontade de vê-la toda nua em uma cama.

Os seios macios e enormes roçando meu peito arfante; coxas e buceta procurando o pau católico e duro; braços e mãos puxando para mim a bunda antecipadamente boa de beijar, deslizando-as pela fenda lateral do vestido, passando por ombros e peitos, cintura e anca; o rosto afogueado e colado ao rosto da santinha de olhos negros, soberanos e senhores da zona, os lábios vermelhos intensos da cor de carne oferecendo-se a uma boca engolidora de brancas hóstias e rezadora de rosários.

Não deu outra, marinheiro de primeira viagem, não suportei o balanço das ondas e botei fora ali mesmo, no meio do salão, o precioso líquido na cueca, molhando a calça, gozando e regurgitando como bebê que mamou demais.

A população de Governador Valadares não presenciou a anunciada invasão de terras pelos camponeses comandados pelo sapateiro Chicão, fazendo regressar a suas cidades os jornalistas sem manchetes e sem fotos para seus veículos.

Em Belo Horizonte, tal como um náufrago recruta que não aguentara as ondas gigantes nas quais mergulhara de cabeça com a loura sereia, fui encontrar-me com a namorada para discutir a relação, culpado pelo pecaminoso agarramento com o corpo da rainha das putas do Vale do Rio Doce de Valadares.

Como na música de Paulinho da Viola, foi mais um rio quc passara cm minha vida.

Passagem

O tempo de formação de um padre atingia treze anos, seis deles no Seminário Menor, três na Filosofia e os quatro últimos na Teologia, período durante o qual se recebiam a Tonsura, as ordens menores e maiores, culminando na sagrada Ordenação Sacerdotal.

Não dava para imaginar de onde surgiam tantos meninos com a ideia de se tornarem padres. Todo início de ano, chegavam ao Seminário magotes de cinquenta a sessenta garotos, que iriam cumprir a trajetória comum em todos os seminários do Brasil e do mundo, de ordem secular ou de congregações religiosas.

Anualmente, no entanto, as turmas iam sendo peneiradas por desistências, expulsões, transferências e doenças. O curso de Teologia chegava a ficar com não mais de dez por cento dos que se tinham apresentado ao chegar. Ao término dos estudos, ao fim de tantas missas e de quantas tentações, não restavam mais do que quatro ou cinco para serem ordenados padres.

Messis quidem multa, operarii autem pauci (A messe é grande e os operários são poucos), cantava-se nos ofícios religiosos. *Multi vocati, pauci electi* (Muitos são chamados e poucos os escolhidos).

Os que iam permanecendo se consideravam prediletos, privilegiados e preferidos por Deus. A maioria, porém, acabava descobrindo que não tinha vocação para missas e missões, para rezas e procissões, para a castidade e as decepções.

Os residentes no Rio de Janeiro tinham cinco dias das férias anuais nas casas de suas famílias. Os de outros estados passavam quinze. Iam todos, depois do recesso familiar, passar a quase totalidade das férias na fazenda dos Arcos, de propriedade da arquidiocese do Rio de Janeiro, localizada a seis quilômetros de Itaipava, distrito de Petrópolis, na região serrana fluminense.

Passeios pela região eram frequentes e a paisagem mais deslumbrante para os jovens seminaristas era a do imponente castelo de Itaipava, de estilo medieval, no meio de pequena mata, à beira da estrada *União e Indústria*. Foi construído no começo dos anos vinte do século XX por um empresário que importou de países europeus pedras, mármores, madeiras, vitrais e ferragens. O castelo renascentista foi projetado por Lúcio Costa, um dos idealizadores de Brasília, junto com Oscar Niemeyer.

Todos os anos, no retorno da curta temporada passada em seus lares, as turmas se reapresentavam no Seminário da avenida Paulo de Frontin para as férias rurais com consideráveis baixas nos contingentes. O pouco tempo de que dispunham para viver extramuros costumava ser suficiente para o surgimento de namoradas e primas, que ameaçavam a futura promessa de castidade e retiravam do Seminário uma penca de futuros sacerdotes.

Situação desoladora e humilhante eram as expulsões das frutas podres que precisavam ser retiradas do cesto. De surpresa e sem qualquer comunicado, os desligamentos dos que estavam para ser expulsos adquiriam notoriedade quando os colegas se recolhiam ao dormitório. A cama com o colchão descoberto, entre as dezenas de fileiras, indicava que a partir daquela noite estaria faltando mais um.

Sem despedida e sem anunciações, o ex-ocupante do leito vazio, despido do lençol e da colcha, sem o saco de roupa suja e sem as toalhas dependuradas, começaria a ser chamado de *pederasta*, que não merecia o sacerdócio, que fora apanhado ou denunciado por manter uma *amizade particular*, conforme o jargão clerical.

Os que não tinham sido amados ou nunca tivessem amado lançavam os primeiros impropérios e atiravam as primeiras pedras. Chegasse aos escalões superiores uma denúncia de cunho sexual, a pena era a exclusão do par ou daquele que estivesse sendo acusado de haver tentado algum abuso.

Até os pais ou parentes virem buscá-lo, o *delinquente* permanecia isolado em um quarto no prédio dos padres. Ali, recebia as refeições qual um presidiário. Transformava-se em um renegado, afastado dos ofícios, das sessões de estudos, das aulas e de qualquer atividade recreativa. Tornava-se alvo de comentários dos ex-colegas que lamentavam a sorte do desertor das hostes divinas.

Um seminarista expulso chegou a ficar na *solitária* do sexto andar do prédio dos padres quase uma semana. Um excelente ponta-direita, jovem forte, raçudo e admirado não mais seria padre, que pena. Quem denunciou ou quem testemunhou ou quem o defendeu ou quem o condenou?

Os seminaristas que tiveram suas camas desfeitas e ficaram segregados podem, por outro lado, ter evitado transtornos distintos e, possivelmente, mais doloridos em suas vidas. Se viessem a ser ordenados sacerdotes e, posteriormente, largassem a batina por um motivo ou outro, por mulher ou por homem, naquele meio de século, o lamentável desprezo que despertariam em suas famílias, nos meios sociais e religiosos, seguramente, constituiria pesado sofrimento.

Um padre capixaba, coadjutor de uma paróquia do interior, mulato de origem humilde, após grave acidente de carro, teve de ser internado em um hospital de Vitória. Abandonado pelos colegas presbíteros, permaneceu longo período em uma casa de saúde filantrópica, acompanhado, cuidado e assistido por uma solidária enfermeira.

Enamoraram-se. Ao receber alta, casou-se com a dedicada assistente. Virou escândalo da época, um *défroqué*, segundo a sofisticada alcunha galicista usada, à época, para denominar os sacerdotes que desertassem da Igreja Católica.

Stella Maris

De volta ao Seminário, as cartas começaram a se cruzar entre o Rio de Janeiro e Juiz de Fora, onde ela residia e estudava medicina. Eram correspondências de confidências trocadas, impressões, sentimentos, relembranças das coisas faladas e dos passeios realizados durante as férias, juntos, na casa da minha família, em Marataízes. Católica da nova safra, era admiradora de Raissa Maritain, a francesa de origem russa, convertida do Judaísmo para a Igreja Católica, escritora e poeta das grandes amizades.

Para meu desapontamento, no entanto, não eram cartas de correspondência de reciprocidade amorosa. Aquelas lindas e inesquecíveis letras que me tocavam o coração, a partir dos sobrescritos de destinatário e remetente nos envelopes, falavam da especial admiração pela minha vocação sacerdotal. Amor, nem pensar; planos, muito menos; beijos, oh, imagina só! Cartas seguiam e chegavam depois de passarem pelas mãos do padre prefeito, ansiosamente, aguardadas e recebidas, extravasando platonismos que contrariavam o que vinha sentindo ou pensava e, se tivesse mais peito, planejava e declamava. A alegria se esvaía como espumas de ondas arrebentadas na praia.

Irrompera em uma praia do sul capixaba uma linda mulher. Era prima, *prima Donna*, diva, estrela do mar.

O sorriso discreto que antecedia as risadas gostosas, o rosto com as poucas e remarcáveis sardas, as pernas compridas e brancas, expostas na praia de nuvens claras em céu de verão azul, foram deliciosamente ameaçadoras para uma vocação. Pernas, pra que vos quero?

Guy de Larigaudie fugira a galope, no cavalo, da linda mulher que o convidara na praia da ilha de Bali. Eu fiquei a ver navios na praia de Marataízes.

As férias, como aves marinhas, bateram asas e voaram. Ela voltou para a rua Halfeld, eu parti para Itaipava, para rezar pela conversão da Rússia e sonhar com seu sorriso, lindas e brancas pernas, mãos lisas e boas de segurar, de segredos e mistérios perigosos de adivinhar.

Põe-me como um selo em teu coração, como um selo em teus braços (Cânticos, 8-6).

Sabedoria

Por baixo das muitas batinas do Seminário da avenida Paulo de Frontin, existiram também homens virtuosos e dedicados à causa na qual acreditavam e que se preocupavam com a educação cidadã dos seminaristas, sintonizando-os com o mundo novo que surgia em um horizonte a menos de cinquenta anos do fim do primeiro milênio.

O padre professor de Literatura, teólogo pela Universidade Gregoriana de Roma, trazia para os alunos os ares renovados da Europa do pós-guerra. Contido de gestos, econômico com palavras e arguto nos raciocínios, só perdia a timidez nas aulas sobre o Modernismo, iniciando seus alunos em Carlos Drummond de Andrade, Murilo Mendes, Jorge de Lima, Cassiano Ricardo, Manuel Bandeira, Augusto Frederico Schmidt, João Cabral de Melo Neto e quantos.

Por suas mãos e cabeça arejada, chegaram ao cinema *Cult*, fizeram cursos sobre fundamentos da arte fílmica e seus mais importantes realizadores; dos fundadores Meliès e Lumière a Charles Chaplin e boa parte da filmografia norte-americana; revolucionaram-se com o neorrealismo italiano de Vittorio De Sicca a Federico Fellini, passando pelos franceses e pelos *Cahiers du Cinéma*, com Jean Cocteau, Alain Resnais, Jean-Luc Godard, com *La Chinoise* e *d'au-*

tres e d'autres; o russo *Encouraçado Potemkin*, de Sergei Eisenstein, com a cena épica do carrinho de bebê despencando pela escadaria de Odessa; os brasileiros Humberto Mauro, com *Ganga Bruta*, e Nelson Pereira dos Santos, com *Vidas Secas* e tais e tais e tais.

Cursando a Filosofia e já vestindo a sotaina, deixou em uma tarde o prédio da avenida Paulo de Frontin, dirigiu-se até Copacabana, onde deixou a batina na casa de uma tia, no bairro Peixoto, para assistir escondido, no Cine Rian, na avenida Atlântica, ao filme *La Dolce Vita* de Fellini, proibido para os seminaristas.

Começava a abrir-se para o mundo e a esforçar-se para a compreensão de que a Igreja Católica era mais do que os penduricalhos que lhe foram sendo apostos nos atravessares dos séculos. Considerava que valeria a pena ser um padre dos novos tempos, que acreditasse nos evangelhos e em um Cristo revolucionário, criador de uma religião, cujo reino ele dizia não ser deste mundo e que viria a ser conhecida, mais tarde, como Cristianismo.

Com certeza, ao fundar sua igreja, as expectativas deviam ser auspiciosamente outras, acreditava-se.

A partir, porém, dos primeiros séculos da nova igreja, ainda sem a denominação de católica na acepção de universalidade, começaram disputas, discórdias e desavenças que se foram acumulando *per omnia saecula*; originaram fenômenos religiosos de múltiplas e distintas facetas, crenças deístas, ateístas ou panteístas, cada qual tentando erigir torres babélicas na direção de um inatingível céu, prometendo recompensas de virgens a granel aos que na terra defendessem seus dogmas e por eles escravizassem, matassem ou morressem; ou que por elas vivessem sem mulher ou com dezenas delas; ou contribuíssem para as edificações de templos nababescos e para vidas suntuosas e devassas de quantas e tantas lideranças.

Os anos cem, duzentos e trezentos do Cristianismo projetaram muita coisa que poderia não sair a contento. Os Concílios do início da *Era Cristã* em Jerusalém, Cesareia, Éfeso, Niceia, Constantinopla e outros que não constam da história oficial destacaram-se, muitos deles, pela baixa representatividade dos participantes. Bispos, alguns sem formação humanista à altura, discutiram de tudo um pouco, desde a submissão da razão à fé até a nomeação de prelados mediante trocas de benesses; da supremacia da alma sobre o corpo às formas de governança da nova agremiação. Muitas das verdades neles decretadas, estabelecidas, exigidas e impostas a todos os povos continuam com prazos de validade invencíveis até a contemporaneidade.

O imperador romano Constantino, no início dos anos trezentos, ao perceber que a mística originada na Judeia começava a tomar conta do mundo, avaliou qual proveito o Império de Roma poderia auferir daquelas novas ideias.

Apoderou-se de ensinamentos, como os do apóstolo Paulo, juntou ao panteão de Roma a fé naquele deus novo e único, estabelecendo as novas bases do poder do império: conservadorismo, obediência, combate aos gentios e a *pax romana* na terra aos homens de boa vontade. Com as bênçãos da Roma imperial, o Cristianismo passou de perseguido a perseguidor, impondo verdades, mandamentos, costumes e até calendário.

A política chegava ao Seminário com os padres operários oriundos da Ação Católica, movimento que propunha ao mundo polarizado entre comunismo e capitalismo uma visão que pendia, declaradamente, para o lado dos mais humildes e desfavorecidos.

Os que pretendiam diferenciar-se subiam aos morros cariocas para visitar favelas, trabalhar com as Irmãzinhas do Padre Foucaud, que habitavam barracos e praticavam o apostolado pelo exemplo, vivendo a vida dos deserdados de toda natureza. Frequentavam as livrarias progressistas como a *Agir*, na movimentada rua México, no centro do Rio, liam os intelectuais pioneiros do Catolicismo moderno brasileiro que despontavam: Jackson de Figueiredo, Cândido Mendes e Alceu Amoroso Lima. Suas fontes estavam na Europa de Jacques Maritain, Chesterton, Bernanos, entre outros.

Novos ventos sacudiam o Brasil desde o governo de Juscelino Kubitschek, ex-governador do estado de Minas Gerais, vencedor da eleição presidencial de 1955, pelo Partido Social Democrático, de centro-direita. A morte de Getúlio Vargas, no ano anterior à eleição de JK, provocara uma comoção no Seminário do Rio Comprido e nos altos escalões da Igreja Católica comandada no Rio de Janeiro pelo cardeal Jaime de Barros Câmara, sucessor do progressista cardeal Sebastião Leme.

A maioria dos padres do Seminário revelava-se udenista e seguidora do jornalista Carlos Lacerda, diretor do jornal *Tribuna da Imprensa*, opositor feroz do governo do presidente Vargas. A *Última Hora*, de outro lado, era considerado um jornal contra os princípios da Igreja e o jornalista Samuel Wainer, seu diretor, um anticlerical perigoso.

O atentado da rua Toneleros, em 5 de agosto de 1954, em Copacabana – no qual foi assassinado o major Rubens Florentino Vaz, da Aeronáutica, e ferido no pé o líder direitista, jornalista e deputado federal Carlos Lacerda, que pregava a derrubada de Vargas –, excitava os padres.

O comunismo se tornara ameaça permanente desde a vitória dos Aliados na Segunda Guerra Mundial com a colaboração dos russos, comandados por Joseph Stalin, que se tornara o abominável ditador da União das Repúblicas Socialistas Soviéticas, passando a dominar a maior parte da Europa do Leste, perseguindo a Igreja Católica, seus bispos, seus padres, seus cultos e proibindo a educação religiosa.

Os seminaristas eram, veementemente, incitados a rezar pela conversão da Rússia, conforme o pedido de Nossa Senhora em suas Aparições para as crianças Lúcia, Francisco e Jacinta, em 13 de maio de 1917, em Fátima, na Cova da Iria, Portugal.

O presidente Getúlio Vargas já não inspirava a menor confiança à Igreja Católica. Gregório Fortunato, chefe da Guarda Pessoal de Getúlio, liderara o complô no qual fora morto o major que integrava a segurança de Carlos Lacerda, o verdadeiro alvo do atentado.

A *República do Galeão*, conforme passou a ser chamado o grupo de oficiais da Aeronáutica que conduzia o Inquérito Policial Militar sobre o atentado da rua Toneleros, em Copacabana, exercia sobre os padres extraordinário fascínio.

Na manhã de 24 de agosto de 1954, no fim de sua aula, o monsenhor professor de Química informou aos alunos que o presidente Getúlio Vargas se suicidara naquela madrugada, no palácio do Catete.

Um silêncio compungido tomou conta do Seminário. O tiro do presidente da República contra o próprio peito, de pijama, em seu leito do Palácio do Catete, no bairro das Laranjeiras, ecoou no Rio Comprido e deixou os padres desprovidos de argumentos e justificativas.

Vivia-se, naquele dia, na cidade do Rio de Janeiro, o acontecimento mais importante da História do Brasil no século XX.

Sentado no banco da capela, durante a missa pela alma de Getúlio, queria de fato ser o que, por momentos, pensara ter desistido de ser.

Seu sonho era seguir para a Itália e cursar Teologia na augusta universidade Gregoriana, a mesma dos estudos dos padres que respeitavam e estimulavam o crescimento espiritual e intelectual dos alunos.

Salve, salve Roma, o teu sol não tem poente – verso do hino do papa, cantado a plenos pulmões pelos seminaristas orgulhosos de pertencer ao exército mundial da Fé.

Augurava o momento de embarcar em um dos vistosos transatlânticos italianos da *Línea* C, como o *Anna C* e o *Federico C*, os quais tantas vezes enfunaram fantasias, ao deixarem o píer da praça Mauá, mar adentro, levando colegas para estudar em Roma, a cidade dos césares e dos papas.

O futuro da Igreja estaria nas mãos e nos corações dos seminaristas dos anos sessenta, admiradores de Paul Claudel, o poeta francês autor de *Joana D'Arc entre as chamas*, convertido ao Catolicismo ao passar em frente à catedral de *Notre Dame*, em Paris, e escutar as vozes de um coro de música gregoriana cantando o *Te Deum;* dos leitores de Teilhard de Chardin, dos seguidores dos bispos progressistas brasileiros, dos teólogos do Concílio Vaticano II e tantos padres e leigos da nova Igreja, antípoda do reacionário clero udenista. Lembranças que surgem de memória, sem ter conservado um só exemplar dos livros adquiridos durante os anos no Rio Comprido.

Hic est corpus meum. Hic est enim calix sanguinis mei. O padre levantava a hóstia e logo depois o cálice, enquanto o coroinha tilintava a campainha. O pão deixava de ser pão. Era corpo. O vinho deixava de ser vinho. Era sangue.

Foram mais de três mil e quinhentas missas assistidas. O dia começava com elas, após a saída do dormitório, abluções matinais e uniformes colocados. Terminada a missa, iam para o refeitório tomar o café com leite e pão com pouca manteiga, passada em uma banda só.

Depois de treze anos de formação, os poucos escolhidos nos vários seminários mundo afora eram ordenados sacerdotes e autorizados a celebrar sua primeira missa. Ter um filho celebrando missa era sonho de muita mãe católica, eram honra e graça concedidas a pouquíssimas mulheres. *Benedictus fructus ventris tui,* desde que fosse do gênero masculino.

Continuou tempos almejando com convicção chegar ao sacerdócio e participar do mistério da fé, da Igreja do papa João XXIII, que iniciara o *aggiornamento,* que convocou o Concílio Vaticano II, marco da evolução do Catolicismo, autor da *Mater et Magistra,* possivelmente, a mais radical manifestação sociopolítica de um sumo pontífice. Até mais que as encíclicas *Quadragesimo Anno,* do papa Pio XI, propondo uma renovação na ordem econômica mundial, e da *Rerum Novarum,* do papa Leão XIII, de 1891, sobre a condição operária.

Apocalipse

A passagem do Seminário Menor para o Maior foi marcada por momentos penosos vividos no aprazível bairro do Rio Comprido. A juventude dos vinte anos plenos de fé e da esperança de se tornar padre e de pregar o evangelho ancorado na justiça levava-o à compreensão de que havia coisas mais importantes do que a preocupação com o pecado, com a existência do Inferno para os maus e do Céu para os bons.

A própria castidade se tornava consequência e não um fim em si mesmo. As dores do crescimento, as angústias da sexualidade reprimida e os assédios sofridos e vencidos foram sendo processados, sem desmemória, é verdade.

Eis que surge no Seminário em pessoa dom Jaime de Barros Câmara, o todo poderoso cardeal arcebispo da arquidiocese de São Sebastião do Rio de Janeiro. Distante dos seminaristas até então, embora bem próximo de seus padres, dedicava particular atenção ao seu Seminário. Catarinense de formação espartana, capelão-mor das Forças Armadas brasileiras, zelava para que seus soldados no momento de se tornarem oficiais estivessem, realmente, preparados para integrar o seu exército, social e religiosamente, reacionário.

Sua eminência costumava ser visto pelos seminaristas, sempre de longe, durante ofícios religiosos, como nas liturgias de Semana Santa na catedral da rua da Quitanda, próxima à praça XV, de onde partiam as barcas para os episódicos passeios até Niterói ou para a ilha de Paquetá.

Fazia parte do rito de passagem para o Seminário Maior a vinda do cardeal, anualmente, para entrevistar os sargentos da sua grei que pretendiam a passagem para o oficialato. Isso se dava por meio dos cursos de Filosofia e de Teologia, período durante o qual começariam a receber as primeiras *Ordens*.

Iniciavam com a Tonsura, rodela que se raspava no alto da cabeça dos clérigos, representando a primeira sinalização de entrega a Deus e de renúncia às vaidades terrenas. Vinham, a seguir, o subdiaconato e o diaconato, denominadas ordens maiores, antes do solene e definitivo momento da Ordenação Sacerdotal.

O cardeal instalou sua tenda de comandante-em-chefe em um dos apartamentos dos padres no prédio cinza de seis andares que davam para a avenida Paulo de Frontin. Recebia, individualmente, cada seminarista que estivesse deixando o sexto ano do Seminário Menor, trocando o uniforme cáqui pela batina, para iniciar os estudos superiores na sua academia de agulhas negras.

A cor púrpura do solidéu, pequeno barrete que os membros da alta hierarquia usam na cabeça, como os judeus; a larga faixa da mesma cor à cintura; a pesada corrente e o crucifixo, ambos de ouro, dependurados sobre o peito e o grande anel cardinalício no dedo anular direito davam-lhe um ar de general latino-americano com voz de marechal prussiano da Primeira Guerra Mundial.

Chegara sua vez de ser recebido pelo príncipe da Igreja, como são chamados os cardeais que compõem o sacro colégio da Cúria Romana, com o poder de escolher um novo papa, quando convocados ao Vaticano para os escrutínios secretos na Capela Sistina.

Recebeu-o sua eminência à porta de um dos apartamentos que os seminaristas costumavam frequentar para tomar banho quente quando gripados, ou para serem recebidos pelo diretor espiritual, com quem podiam desabafar angústias e problemas pessoais.

Beijou no anel cardinalício de sua eminência o enorme rubi encravado em aro de ouro, o modo religiosamente correto de cumprimento a um dignitário da Igreja. Com voz rouca e cavernosa, o cardeal ordenou-lhe que se sentasse na cadeira diante de sua mesa. Sua eminência tomou lugar na poltrona de alto espaldar. Entrecruzou seus braços após se ajeitar dentro da batina pespontada de cor meio alaranjada. As mangas realçavam-se com os botões púrpuros nos punhos e as mãos descansavam entre o tórax e o abdome circundado pela larga faixa de cetim da mesma cor, encobrindo parte do crucifixo que trazia ao peito.

Com os polegares girando nervosamente em ritmo descontínuo, tinha o olhar frio e penetrante. Os músculos da face quase não se moviam. Aparentando calma e confiança, o aspirante a oficial se sentia confiante. Pensava quando poderia contar, em casa, que estivera face a face com um príncipe da Igreja.

Retirando os óculos de aro fino e lentes grossas, sua eminência começou dizendo saber quem era seu entrevistado, que não pertencia a sua arquidiocese e que estava no seu Seminário a pedido. Passasse naquele vestibular, iria exercer o sacerdócio no estado do Espírito Santo, sob as ordens de dom João Batista da Mota e Albuquerque, que fora reitor do Seminário e, posteriormente, bispo auxiliar do Rio de Janeiro até ser designado arcebispo de Vitória pelo papa. Humildemente, o seminarista capixaba acenava com a cabeça ao tempo de ir murmurando: *Sim, sim, senhor cardeal.*

Feitas algumas explanações sobre as responsabilidades de um pastor de almas e a renúncia que implicava o sacerdócio, tudo coisa sabida de cor e salteada, sua eminência indaga, de chofre, olhos buscando olhos, como estava a castidade do candidato.

Como em um filme, volutearam na tela da memória sequências de cenas como as das tentativas dos abusos que sofrera e as tentações pelas quais passara. As desagradáveis lembranças constituíam segredos recolhidos e depositados em um confessionário, pecados arrependidos e perdoados, fatos nunca relatados.

– Minha castidade está bem, eminência, por quê?

Os braços de mãos compridas e magras descruzaram-se, o crucifixo de ouro surgiu inteiro reluzindo no peito arquiepiscopal, o indicador da mão direita alçado nas bênçãos junto com o dedo médio passou a ser nervosamente sacudido, subindo e descendo esticado na direção do interlocutor, enquanto os lábios finos e descoloridos se abriam para dar vazão à voz rouca de setuagenário:

– *O senhor me confirma, ou não, que manteve ou está mantendo uma amizade particular com um colega, o G, meu caro? O senhor teve atitudes libidinosas com ele, é ou não é verdade, meu caro?*

O senhor não sabe que isto é um pecado mortal, que o impede de receber a sacrossanta batina, meu caro? Até que ponto foram os atos lascivos, meu caro?

O senhor não sabe que a Igreja só aceita homens castos, que não prevaricam nunca, meu caro?

Dizer que o chão desabava sob os pés do futuro filósofo na tenda de epíscopo general romano, boliviano ou prussiano era pouco.

Eli, Eli, lama sabactani? (Deus, Deus, por que me abandonaste?); *Ubi est victoria tua?* (Onde está a tua vitória?); *Bonam pugnam pugnavi* (Combati o bom combate); *Quousqüe tandem, Catilina, abuteris patientia nostra?* (Até quando, Catilina, abusarás de nossa paciência?).

O latim, o grego e o hebraico de textos dos evangelhos, de epístolas e de clássicos romanos misturavam-se na cabeça atônita e confusa ante as palavras que ouvia saindo aos borbotões da boca cardinalícia e penetrando em um coração que acreditava puro ou, pelo menos, com a vontade de assim o ter?

Arrependia-se de ter gastado tanto latim para chegar até ali e não atravessar o Rubicão. *Virgílio e Cícero, Marcos e outros evangelistas, Santa Teresa de Ávila e São João da Cruz, Santo Tomás de Aquino e Santo Agostinho, rogai por mim, afastai o báculo deste cardeal.*

– Não, senhor cardeal, não delatarei os abusos que sofri dos padres do seu Seminário que me quiseram enrabar.

Não lhe contarei do padre que nos levava para tomar banho em seu apartamento, quando estávamos resfriados, que nos mandava ir tirando a roupa, enquanto regulava as torneiras e ficava olhando com despudor para os nossos corpos nus.

Não lhe denunciarei o sacerdote que baixou as calças sob a batina e pediu para coçar sua barriga balofa e pegar no seu pênis...

Tinha ânsias e vontade de continuar a interlocução imaginária, acrescentando com indignação:

– Jesus pediu perdão para seus algozes porque não sabiam o que faziam. Seus padres, senhor cardeal, sabiam e eu lhes obedecia por respeitá-los e temer sua autoridade.

Como sua eminência informou-se do caso, senhor cardeal? E o inviolável segredo da confissão quem o rompeu? Um padre confessor de seu Seminário?

Não houve nada de mais, senhor cardeal, apenas uma mão passada pela barriga e quando quis segurar o meu pênis, eu não permiti. Eu temia pecar contra a castidade, senhor cardeal.

Mirou firme o olho do capelão das Forças Armadas para dizer que o assunto era de foro íntimo e confessado a quem de direito. Beijou o anel para se despedir do príncipe, já sem qualquer vontade de alardear o encontro para sua mãe.

– Deus, nosso senhor, o abençoe e lhe perdoe os pecados, meu caro! – exclamou o príncipe da Igreja, finalizando.

Eclesiastes

Os filósofos ocupavam o quinto andar do prédio que dava para a avenida Paulo de Frontin, onde foi construído o viaduto que vai dar no túnel Rebouças. Acabara passando pelo vestibular do cardeal, estando por isso instalado no prédio mais nobre do conjunto que compunha o Seminário.

Os aposentos eram individuais, com meias paredes laterais separando-os uns dos outros, lembrando cabines com cama e armário individual para roupas e batinas. Uma cortina na frente de cada quarto fazia as vezes de porta. De pé na cabeceira da cama, encostada na parede sob a janela, podia observar-se boa parte da avenida Paulo de Frontin.

Os três anos iniciais do ensino superior foram ocupados com aprendizados em torno de iniciação ao hebraico e exegeses bíblicas; apologética, provas da existência de Deus, criação do mundo e teorias da origem das espécies; filosofia e últimas causalidades, matéria e forma, essência e acidentalidade, potência e ato; fé e razão, silogismos e sofismas, teses, antíteses e sínteses, enfim, tudo isso e o céu também.

Divertia-se, após o recolhimento noturno, debruçado à janela da cabine-quarto espreitando na semiescuridão da avenida os casais que namoravam no passeio mal iluminado, sob as copas generosas das árvores. A pouca luz escondia-os abraçando-se, beijando-se e agarrando-se.

Acompanhava o erótico balé do alto do quinto andar, de pé sobre a cabeceira da cama, indiscreto e lascivo, atento a cada detalhe da coreografia de prazer e pecado. Dava para avistar e acompanhar uns três ou quatro pares em movimentos de luz e sombras.

Para mais coisas acabava sendo útil o prédio do Seminário do Rio Comprido, à avenida Paulo de Frontin, número quinhentos e sessenta e oito, asfaltada e de duas mãos separadas por um filete d'água.

Da janela liberava a libido como se fora um pássaro noturno que saltava para planar sobre as árvores que subiam da margem direita do riacho na direção da zona Sul.

Como de hábito, refugiava-se e apaziguava-se no confessionário para se arrepender do *voyeurismo* que mudava a natureza e a qualidade dos seus pecados. *Seu padre, eu me confesso, lalá, lalá, lalito. Seu padre, eu me confesso que eu matei o meu marido...* (Cantiga de roda das noites do Jardim Velho).

Os três anos filosóficos podem ser considerados como os mais proveitosos dos quase dez de internação. Foi época de comprar e devorar livros da modernidade da Igreja, como os do cardeal e teólogo belga Suennes e do carioca Tristão de Athayde, entre outros da fase do Iluminismo temporão do Catolicismo no mundo e no Brasil.

Lia os romances permitidos no Seminário. Devorou as quase seiscentas páginas do *Doutor Jivago,* de Boris Pasternak, na primeira edição brasileira, de 1957. Apresentou uma resenha na Academia do Seminário e uma frase do livro impressionara-o bastante e tornara-se epígrafe do texto – *O homem nasceu para viver e não para se preparar para viver* – na afirmação do médico Yuri Jivago, criticando o Partido Comunista da União Soviética, ao qual pertencera e pelo qual foi, duramente, perseguido. Era um protesto pelas condições das populações dos países da Federação russa, sempre aguardando um futuro promissor.

A obra de Pasternak, um escritor rigoroso de cepa russa e sua heroína Larissa Fiodorovna acabaram ficando mais conhecidos pelo filme de David Lean (1965), com Geraldine Chaplin e Julie Christie, e trilha sonora de Maurice Jarre. O *antissovietismo* de Pasternak, por um lado, facilitou sua leitura no Seminário; por outro, colocou-o em uma zona ideologicamente cinzenta por ter sido escrito em uma época na qual a intelectualidade se posicionava, majoritariamente, pendida para revoluções e governos que se proclamassem favoráveis às classes operárias.

Nos anos cinquenta, a cultura francesa predominava no mundo sobre a anglo-americana. O idioma francês e seus escritores eram mais lidos e divulgados no Brasil e no Seminário do Rio Comprido não era diferente. As estantes exibiam sucessos contemporâneos das letras do país até então considerado o mais intelectualizado.

Alguns romances, em especial, marcaram essa *belle époque* literária. Um deles, *Chiens perdus sans collier*

– "Cães perdidos sem coleira" –, de Gilbert Cesbron, escritor de influência católica, chegou a vender cerca de quatro milhões de exemplares. Levado ao cinema, em 1955, com o consagrado Jean Gabin e direção de Jean Delannoy, conta a história de adolescentes criminosos, de origem humilde, que acabam recebendo apoio de um juiz da Infância e da Juventude.

Faziam também sucesso na década de 50, desde os anos vinte, os livros de Maurice Leblanc, francês que se destacou com o personagem Arsène Lupin, protagonista de nove títulos como anti-herói charmoso, ladrão de casaca, elegante e refinado boa-pinta, bem ao estilo *des années folles*. No período da *Grande Guerra* (1914-18), Leblanc o torna detetive e herói da França. O autor, no entanto, tornou-se ele mesmo, com sua verve, crítico da mudança do estilo comportamental de seu próprio personagem, preferindo-o no seu tempo menos requintado. Arsène Lupin ultrapassou a bibliografia para ocupar o protagonismo, também, em filmes, peças de teatro e séries de TV.

Os dois autores acabaram fazendo parte da rede de influências recebidas pelos seminaristas do Rio Comprido nos tempos do Iluminismo temporão da Igreja. O mundo católico arejava-se com os ventos que vinham da Europa e, especificamente, de Roma, onde pontificava *urbi et orbi* o doce papa João XXIII, cardeal Ângelo Roncalli, patriarca de Veneza, eleito após a morte de Paulo VI.

Introduzia-se no jornalismo, editando a revista *Clarim*, rodada em mimeógrafo a álcool. Modernizou-a com diagramação ousada e cor, utilizando papel carbono de pigmentos verde, vermelho e roxo. Entrevistava pessoas, pelo telefone, identificadas na lista de assinantes da Telerj, sobre assuntos contemporâneos e controversos do Rio de Janeiro e do Brasil.

Até ao teatro o selecionado grupo liderado pelo padre professor de Literatura chegou com a encenação de uma peça do dramaturgo belga *Michel de Ghelderode,* considerado *avant-garde* desde os anos cinquenta.

Os Cegos (*Les Aveugles*) teve muitas montagens amadoras e profissionais no Brasil, com tradução de Aníbal Machado. Consta que a primeira foi em 1958, mesmo ano em que foi levada ao palco no Seminário do Rio Comprido.

São quatro personagens, três cegos e um que só tem um olho. Os cegos são peregrinos exaustos, no meio de uma estrada, tentando acompanhar um canto gregoriano que, para eles, provém das cercanias de Roma: *Congaudeant catholici laetentur cives coelici dies ista...*

Eles ignoram que estão perdidos e distantes de Roma, aonde pretendem chegar para que o papa faça um milagre e lhes cure a cegueira.

– **Primeiro cego**: *Que destino, caminhar em uma estrada de que não enxergamos o fim, cantar uma lamentação num latim que não entendemos! Companheiros de miséria, eu proponho gemer os três com todas as nossas forças, talvez nos ouça alguém, lá pelas nuvens ou na terra. Vamos gemer. Miserere!*

– **Segundo cego**: *Por mim, eu paro! Se a nossa canção de peregrino agrada a Deus, não comove as pedras do caminho. Meus pés estão sangrando!*

– **Terceiro cego**: *É preciso parar. Quando um de nós para, os três devemos parar e quando um canta, devemos cantar; ou quando um anda, andamos os três...*

Vinda do alto de uma árvore, os cegos escutam a voz do personagem de um olho só, atento às suas lamentações. O caolho lhes diz que, há semanas, os vê rodando por ali, passando sempre abaixo da árvore onde ele mora, na região de Bruxelas, de onde provêm as vozes do canto gregoriano e os sinos que ouvem. Oferece-se para guiá-los até Roma.

Os cegos recusam-se a acreditar naquela voz e retomam caminho. Morrem, porém, sem chegar ao Vaticano e sem ver o papa. Pano rápido. Peça em um ato. O seminarista capixaba fazia o papel do terceiro cego.

Com um colega que veio a terminar os estudos em Roma, criou o Grupo de Estudos de Cinema e filiaram-se ao Centro de Estudos Cinematográficos da União Metropolitana dos Estudantes Secundários do Rio de Janeiro - UMES.

A entidade estudantil editava *O Metropolitano*, suplemento literário do *Diário de Notícias*, jornal de maior circulação no Rio de Janeiro, que publicou o miniconto *Dentro da Noite*, premiado em concurso literário.

A cadela aproveitou o portão entreaberto e ganhou a calçada. Farejou o ar e caminhou algum tempo na noite.

Parou quando chegou perto do casal encostado na árvore. Quis cheirar o pé da moça, mas encontrou o do homem que a enxotou. Retomou a caminhada dentro da noite, detendo-se, ainda uma vez, para mexer em uma lata de lixo. O menino, porém, dera por sua falta em casa e vinha correndo pela escuridão gritando seu nome. Parou sem graça quando viu o casal encostado na árvore: "Rita, o pessoal já foi todo dormir!". Prosseguiu em sua busca até que a viu lá na frente, perto do poste, sob a única luz que havia naquela rua.

(*Diário de Notícias*, Rio de Janeiro, Setembro/1960).

Crônicas

Dies irae dies illa, solve saeclum in favilla (Dia de ira o dia em que os séculos se dissolverão em cinza). Primeiro verso do poema (século XIII) da liturgia dos mortos, que se tornou um dos mais belos hinos de canto gregoriano e motivo de celebração em grandes obras da música clássica, como o *Requiem* de Wolfgang Amadeus Mozart.

Permanecem *ad aeternam rei memoriam* os cemitérios municipais públicos e particulares, a maioria trazendo no frontispício dos portais a frase lapidar – *Memento, homo, quia pulvis es et in pulverem reverteris* (Lembra-te, homem, de que tu és pó e ao pó retornarás) –, passagem da liturgia das missas de Quarta-feira de Cinzas, quando o celebrante faz uma cruz com pó calcinado nas testas dos fiéis.

Os dias de Finados constavam do calendário das saídas coletivas para as celebrações realizadas em memória dos mortos. Não chegavam a constituir eventos de expressão como *El Día de Muertos* dos mexicanos, nem se tratavam de necrópoles memoráveis como os cemitérios *Père-Lachaise*, em Paris, e *La Recoleta*, em Buenos Aires. Alguns, todavia, apresentam alguma relevância, ou pela monumentalidade dos mausoléus ou pela fama de personalidades neles sepultadas.

De ônibus, bondes ou trens partiam para os bairros e subúrbios cariocas, com esvoaçantes sotainas negras em direção aos campos-santos mais visitados, como o *São João Batista*, em Botafogo, o *São Francisco Xavier*, também conhecido como *Cemitério do Caju*, no bairro de São Cristóvão, os cemitérios de *Inhaúma* e do *Irajá*, entre tantos.

Ajudavam nas missas que se sucediam e faziam pregações sobre o reino dos céus, lugar onde – acreditavam os que ouviam – deveriam estar as almas dos entes queridos ali sepultados.

A cidade do Rio de Janeiro foi abalada nesse tempo com o caso *Aída Cury*, jovem de 18 anos, estuprada, torturada, assassinada e jogada por seus agressores, dois rapazes de classe média alta, de um prédio da avenida Atlântica, em Copacabana. Aída era irmã de um colega seminarista, que viera transferido de outra diocese para cursar o Seminário do Rio Comprido. O crime teve ampla repercussão nacional e expressiva cobertura da imprensa do Rio e do país.

A revista *O Cruzeiro* esgotava-se nas bancas, todas as semanas, com o jornalista David Nasser clamando por justiça em suas crônicas. Em uma das quintas-feiras em que os seminaristas saíam, missionariamente, para aulas de Religião em escolas públicas e para visitas a presídios, deparou-se com Cássio Murilo, um dos assassinos de Aída, recolhido à penitenciária da rua Frei Caneca, no centro da cidade.

Aquela era uma real oportunidade para buscar a conversão do pérfido pecador bonitinho de topete louro, que abusara de Aída, irmã do amigo e colega, a jovem que lutara até a morte para defender seu corpo.

Apresentou-se ao presidiário com uma religiosidade quase profissional, anunciando o motivo de estar ali. Tinha a firme convicção de que Deus perdoaria o jovem assassino, caso ele se arrependesse do crime e dos pecados de sua juventude transviada. Lembrava-se, nesse momento, de quantas orações fizera pela conversão dos pecadores.

Com as grades da cela separando-os, de pé, com as duas mãos segurando as barras de ferro, esforçava-se em persuadir o jovem assassino de que, também ele, enfrentara situações dificílimas de pecado, as quais acabaram sendo vencidas com a ajuda de Nossa Senhora.

Reticência, nossa senhora das dores; reticência, nossa senhora do perpétuo socorro; reticência, nossa senhora desatadora dos nós e as nossas senhoras de todas as ladainhas... Rogai por nós.

Cânticos

Desde o dia em que resolvemos viver em um único apartamento, passamos a dividir almofadas, cama, mesa e banho. Ao contrário do texto de Guarnieri e Boal, em *Arena conta Zumbi*, nossas vidas nos anos que se aproximavam do fim do primeiro milênio eram um tempo de paz e de sol. Ambos tínhamos vivido *os tempos de guerra, sem sol, sem sol.*

Mas gritar, nós gritamos. Nas noites que tínhamos pela frente, passávamos um para o outro os melhores e os piores filmes de nossas vidas. A ditadura militar tinha acabado ou vivia os estertores. Participávamos dos movimentos pela Anistia, das campanhas pelas eleições Diretas-Já e pela Constituinte. Indelevelmente, nossas almas haviam ficado marcadas pelas lembranças dos anos de dor e de obscurantismo. Martelavam-nos os nomes dos que integravam o inenarrável e triste cortejo de tantos amigos e amigas, companheiras e companheiros, exilados, presos, torturados, mortos ou desaparecidos.

Antes de chegar ao apartamento, estivera na sala do divã. No caminho, escutara, no rádio do carro, a entrevista de um atleta respondendo a perguntas sobre abusos e assédios sexuais que sofrera na infância e na adolescência por parte, principalmente, de treinadores. O entrevistado pontuava que era preciso alertar os pais para terem mais acesso aos filhos. Ele insistia que era preciso denunciar, sempre, não importando a época em que tivessem ocorrido as abomináveis agressões.

Outra emissora, durante um noticioso, transmitira o comentário de um apresentador que estranhava o número de mulheres comentando assédios sofridos havia dezenas de anos, os quais estavam elas, nos últimos meses, denunciando às autoridades policiais e judiciais, com forte ressonância na mídia. *Ora, por que não o fizeram à época?* – indagava o apresentador do programa radiofônico.

Em vários países do mundo começavam a surgir escândalos e denúncias de violências sexuais de clérigos contra crianças e adolescentes e dos acobertamentos dos mesmos por membros das hierarquias da Igreja Católica. Na Alemanha, falava-se do registro de mais de quinhentas vítimas, em muitos anos, apenas em um coral de cantores infanto-juvenis.

Nos Estados Unidos, a Conferência dos Bispos Católicos Americanos admitia que, desde os anos cinquenta, mais de quatrocentos padres enfrentavam acusações de algum tipo de crime sexual, chegando os processos a particularizar *toques em adolescentes por baixo de suas roupas, aproveitando-se da confiança e respeito por suas posições de autoridade e poder*. Afeitos a estatísticas, veículos jornalísticos norte-americanos chegaram a contabilizar 4.392 padres denunciados desde a década de cinquenta.

A *Casa Pia*, instituição de assistência a menores desfavorecidos, em Lisboa, veio a ficar, mundialmente, conhecida por um escândalo de considerável proporção, que envolvia dezenas de personalidades do mundo artístico, da política, dos meios jurídicos e da comunicação social.

Ainda, em Portugal, suscitaram indignação as palavras de um cardeal repercutidas na imprensa internacional de que *roupa suja se lava em casa,* lamentando, exatamente, a divulgação pública de crimes de cunho sexual praticados por membros da Igreja.

Entre as milhares de denúncias de leigos, contavam-se, também, as que diziam respeito aos assédios de antigos padres – posteriormente bem posicionados na hierarquia da Igreja Católica, espalhados em dioceses e arquidioceses de grandes cidades mundo afora – no tempo em que os denunciantes eram jovens seminaristas e viviam debaixo da autoridade dos hierarcas denunciados.

As notícias complementariam, sem dúvida, a pauta doméstica da noite, em meio às almofadas, ao tilintar das pedras de gelo, reforçando argumentos e sentimentos de como era importante não se calar.

Parágrafos e parágrafos. Narrativas e escutas. Lembranças e espantos.

Lembrando-me, no entanto, de que ela tinha um compromisso nessa noite e que, por isso, poderia demorar, desanimei de esperá-la.

Fui dormir e sonhei. Ela começava a descer do lado esquerdo da cama, o dela. Eu a observava. Ela se levantava pelada, caminhando devagarinho. Eu a observava. Ela abria a porta do quarto, iluminada pela pouca luz do abajur. Eu a observava. Ela dava dois passos. Eu me deslumbrava com seu dorso nu, a bunda linda e branca, sedimentada e dura. Ela parava. Eu me levantava da cama e chamava-a. Ela voltava-se da porta, os seios recebendo a pouca claridade do abajur. Eu a observava. Ela começava a retornar. Eu não acreditava. Ela voltava pelo mesmo lado da cama, o dela. Eu esperava. Agarrava-me. Agarrava-a. Agarrávamo-nos. Transamos uma vez. Transamos outra vez. Eu chorava.

Não fora sonho. Fora tudo verdade. Ela sorriu. Eu parei de chorar. Ela continuava a sorrir. Sorrimos como nunca um para o outro. E ríamos e ríamos.

Ainda bem que não embarcara em um dos transatlânticos italianos da *Línea C* para estudar Teologia em Roma, a cidade dos papas e de Anita Ekberg tomando banho na *Fontana di Trevi.*

O templo e o estádio

Manhã de sol no ameno inverno do Rio de Janeiro.

A catedral da rua da Quitanda, em pleno centro, iluminada e ornamentada, está abarrotada de fiéis. No ar o cheiro comum a toda igreja, seja o das catedrais de *Notre Dame*, em Paris, ou de *Saint Patrick*, em Nova Iorque, ou do *Duomo di Milano*, ou da matriz de Nossa Senhora da Penha, em Alegre. É a mistura dos odores que emanam das madeiras dos bancos, dos púlpitos e dos genuflexórios; dos incensos dos turíbulos; das ceras derretidas nas velas dos ex-votos e dos castiçais dos altares; dos envelhecidos véus guardados em gavetas das cômodas; dos livros ensebados de tantas rezas; de flores amanhecidas ou entardecidas; da poeira e do mofo acumulados nos crucifixos, nas imagens dos santos e nos quadros das estações da Via-Sacra.

No interior da catedral, localiza-se, acima da porta da entrada principal, próximo ao teto, o coro com o centenário órgão musical de tubos, de fabricação alemã. (Na única vez em que avistou o presidente Getúlio Vargas foi do alto do coro da igreja da Candelária.) À volta do órgão de foles gigantes, postam-se sopranos, contraltos, baixos, tenores e solistas da *Schola Cantorum*. O som forte do órgão turbinado e a suavidade das vozes do cantochão compõem a solenidade e a sacralidade da cerimônia que está por acontecer.

Ao centro e à frente do altar, dom Jaime de Barros Câmara, em imponentes vestes cardinalícias litúrgicas, mitra dourada à cabeça, mão direita segurando o báculo, cercado de bispos e padres, aguarda a chegada, pela nave central da catedral, do cortejo dos diáconos, paramentados com a casula, a veste branca cobrindo-os até os pés.

Eles serão ordenados sacerdotes na liturgia dessa manhã, 29 de junho, dia de São Pedro e de São Paulo.

São seis jovens com idades entre os vinte e três e vinte e seis anos, que, durante treze, prepararam-se para o ato mais importante de suas vidas. Aprofundaram-se nas leituras e interpretações das sagradas escrituras. Abandonaram pais, mães e irmãos para amar a Deus e só a Ele servir.

Em suas vidas já receberam os sacramentos do Batismo, da Crisma, da Confissão, da Eucaristia e se preparam, hoje, para o sacramento da Ordem, reservado a pouquíssimos homens e vedado às mulheres. Dos sete sacramentos da Igreja só lhes ficará, naturalmente, faltando o da Extrema-Unção, o da hora da morte. O sacramento do Matrimônio passará a ser para eles, eternamente, vetado a partir de instantes.

Chegam ao altar. O cardeal começa a chamar cada um deles pelo nome. Dão um passo à frente. Respondem afirmativamente à pergunta se prometem obediência ao papa e ao bispo e se aceitam, para sempre, o voto da castidade, suprema oferenda que farão a Deus, renunciando aos prazeres da carne.

O Brasil tinha passado pelas oitavas de final, pelas quartas de final, pela semifinal e jogaria, nessa manhã de 29 de junho, pelo horário europeu, a finalíssima da Copa do Mundo, no estádio Nya Ullevi, em Gotemburgo, segunda maior cidade da Suécia, a adversária de nosso país na disputa pelo título de campeão mundial de futebol.

A Igreja os quer só para si. Dali para frente, eles terão uma esposa extremamente possessiva, a santa Igreja Católica, Apostólica, Romana. Eles estão conscientes, orgulhosos e preparados. Na semana anterior, fizeram o último retiro espiritual do Seminário.

Já havíamos enfrentado e vencido, espetacularmente, por cinco a dois, na semifinal, a França de Raymond Kopa e de Just Fontaine, que se tornaria com sete gols o *artilheiro do certame*, como diziam os cronistas da época.

O fantasma de 1950 ainda estava na memória de tantos e assustava os brasileiros. O grande silêncio da tarde de 16 de julho de 1950, no Maracanã, ainda era recente. Os jornais, como o fazem até hoje, insistiam em rememorá-lo.

Entre o jogo da final da Copa do Mundo, a realizar-se, ao mesmo tempo da Ordenação Sacerdotal, em 29 de junho de 1958, e a partida realizada no Brasil, havia oito anos, já ocorrera outro fracasso nacional, em 1954, na Suíça, com a Alemanha se sagrando campeã e a Hungria, vice-campeã, com *show* de

Ferenc Puskas, então considerado o melhor jogador do mundo.

Deitados no assoalho diante do altar, com os rostos voltados para o chão, os jovens diáconos escutavam os cantos gregorianos e pensavam em tudo que haviam enfrentado até chegar àquele momento e no que haveria de se tornar suas vidas dali por diante e depois que celebrassem a primeira missa, no dia seguinte.

Estávamos em uma finalíssima e tínhamos Pelé, o garoto prodígio de 17 anos, nascido em Três Corações, o filho de Dondinho. Os diáconos, deitados ao chão encerado de véspera, lembram-se e pensam, sobretudo, em suas mães.

No campo, em Gotemburgo, nossos onze rapazes se perfilavam para ouvir o hino nacional na terra dos Vikings. Nos primeiros bancos da nave central da catedral da rua da Quitanda, os familiares dos diáconos assistiam à Ordenação, orgulhosos do padre que ofereciam para a Igreja.

Nossa pátria vestia casulas brancas e calçava chuteiras na manhã amena do inverno no Rio de Janeiro, em 1958. O mundo voltava os ouvidos para o estádio sueco onde estaria rolando, dentro de poucos instantes, a bola branca e preta, tocada pelo capitão Bellini, por Nilton Santos, Didi, Zagalo, Garrincha e Pelé.

Kyrie Eleisson, Christe Eleisson (Senhor, tende piedade de nós; Cristo, tende piedade de nós). Vai, Brasil!

O cardeal Jaime de Barros Câmara dera início à Ordenação. Atenção, ouvintes, entra em campo a seleção brasileira com o seu uniforme azul, porque a Suécia, país anfitrião, usa a mesma cor amarela do esquadrão brasileiro. Nossa seleção está escalada com Gilmar, Djalma Santos, Bellini, Orlando e Nilton Santos; Zito, Garrincha, Vavá, Didi, Pelé e Zagalo. Vocês, seis diáconos, com a casula branca, deitados no chão da catedral do Rio de Janeiro, vão se levantar e sair pelo mundo, pregando o Evangelho a todos os povos.

A Suécia abre o placar nos primeiros minutos do jogo. Suécia, um; Brasil, zero. Os brasileiros não aguentariam uma final – estampavam as manchetes dos jornais europeus na véspera desse dia de São Pedro e São Paulo. Os jogadores brasileiros vão tremer assim que a Suécia marcar o primeiro gol.

Amanhã, será a minha primeira missa – pensavam os seis jovens diáconos deitados no chão, em frente ao altar da catedral do Rio de Janeiro, na rua da Quitanda.

A cerimônia demorava demais e o Brasil custava a deslanchar. O que mais sentiam os diáconos naquele momento? Tremiam? Saberiam defender a batina? A solene missa cantada se arrastava, já passara o momento da consagração, o pão já virara corpo e o vinho transformado em sangue.

Meu Deus, eu quero ser padre, mas quero demais ver o Brasil ser campeão do mundo. Daqui a poucos anos, será a minha vez de deitar-me neste chão e fazer os meus votos. Mas, hoje, a seleção brasileira está jogando lá em Nya

Ullevi, na nórdica Suécia. É a nação de chuteira e camisa azul, de batina preta e casula branca. Ide e pregai o Evangelho a todas as gentes.

O celebrante vai levantar o cálice, nosso capitão Bellini levantará a taça?

Como estará o menino Pelé, que substituíra, logo após o jogo de estreia contra a Áustria, antes das oitavas de final, o herói Dida, meia-esquerda e um dos maiores artilheiros da história do Flamengo? Contra a França, o árbitro nos roubara, vergonhosamente, deixando de marcar dois pênaltis, mas o Brasil acabara enfiando cinco no time francês.

Ite, missa est. A missa chegou ao final, os diáconos já se tornaram padres e a partida continua empatada em Gotemburgo. Os seminaristas deixaram a catedral como loucos, correndo e levantando a barra da batina, segurando nas mãos a sobrepeliz branca e o *Liber Usualis*, o grosso livro de cerimônias litúrgicas, rumo ao ônibus especial. Felizmente, dessa vez, deixaram de pegar o bonde *Catumbi-Praça XV* para o Rio Comprido. Chegam à avenida Paulo de Frontin esbaforidos em tempo de escutar a continuidade da transmissão da partida.

Logo após o gol da Suécia, Didi apanhara a bola no fundo das redes de Gilmar e, no meio do campo, antes de dar o pontapé para a nova saída, falou para a turma: *Calma, vamos começar tudo de novo!* E assim foi. Brasil, cinco, Suécia, dois. O Brasil era campeão do mundo, não importava que Joel e Dida houvessem sido barrados por Garrincha e Pelé. O capitão Bellini levantara a taça.

O dentista da seleção brasileira João Trigo ficou famoso por ter dado um abraço no rei Gustavo, na beira do campo, como mostraria a foto dos jornais de todo o mundo, no dia seguinte: *O dentista brasileiro que abraçou o rei da Suécia*.

Os diáconos são sacerdotes eternamente e nós somos campeões do mundo pela primeira vez.

Esta foi mais uma transmissão da Rádio Nacional nas vozes de Antônio Cordeiro e Jorge Cury, sob o patrocínio de Brahma Chopp, diretamente de Gotemburgo, na Suécia.

O diácono e a moça

Depois de celebrar o Natal e festejar a passagem de outro ano no Seminário, fui passar outras férias de quinze dias com a família, em Alegre. Tornara-me *filósofo*, usava batina e aproveitaria para *praticar* nas missas de domingo, fazer reuniões com as moças da Juventude Independente Católica e criar as bases para um núcleo da Juventude Operária Católica, mobilizando os trabalhadores que frequentavam o conservador Círculo Operário, que funcionava na rua Treze, próximo à Casa Paroquial, residência do vigário da cidade.

Eram as primeiras férias envergando hábito e assumindo a postura de futuro padre da nova Igreja que se desenhava sob os auspícios do papa João XXIII. Todas as tardes, à *Hora do Ângelus*, ocupava o microfone da Rádio Alegrense e falava da Igreja pós-concílio, pregando evangelho e cidadania, esperança e amor ao próximo.

Atravessava o Jardim Velho e ia visitar gente humilde na Vila do Sul pelas manhãs. Subia o morro da igreja matriz para assistir a episódios seriados de filmes de faroeste no Cine São José. Puxava terços nas rezas da noite e antes de me recolher, ainda dava para ver as moças e os rapazes desfilando no sobe e desce do *footing* da rua principal e tomar sorvete no bar do Turco. *A bênção, mãe; a bênção, pai. Amanhã, a gente se vê na missa.*

Enquanto pregava para os fiéis na missa das dez do domingo, meus olhos a buscavam pelos bancos da igreja, de véu branco cobrindo parte dos cabelos louros que mal chegavam aos ombros, entoando os cânticos que eu anunciava do púlpito.

A viagem de Cachoeiro a Alegre para as férias durara mais de três horas pela péssima estrada esburacada com pouco mais de 60 quilômetros, sem asfaltamento e debaixo de forte aguaceiro.

O pai de um conterrâneo, diácono do penúltimo ano de Teologia no Seminário do Rio Comprido, viera nos buscar com seu jipe na rodoviária de Cachoeiro do Itapemirim, onde havíamos desembarcado, pela manhã, vindos do Rio de Janeiro.

Entramos no veículo, juntamente com sua irmã, que também viera receber-nos e, ainda, um amigo de seu pai. O colega sentou-se à frente ao lado do motorista; a irmã, ao meio do banco detrás, eu ao seu lado esquerdo e o amigo, no lado oposto.

O jipe sacolejava e jogava os passageiros de um lado para o outro, fazendo curvas inesperadas e bruscas, evitando o chofer a enorme quantidade de valetas e buracos, lama e poças d'água das seguidas chuvas do verão capixaba.

Passados os primeiros sacolejos, comecei a sentir a mão direita da irmã do diácono tocando, levemente, minha mão esquerda, por baixo dos nossos braços cruzados. Demorei um tanto para me certificar e perceber o toque gostoso e repetido dos finos dedos nos meus, apertando-os por brevíssimos segundos, largando e voltando a segurar, enquanto meu braço e cotovelo direitos roçavam o seio pequeno e durinho da jovem irmã do diácono.

Não queria que a viagem tão cedo terminasse e nem fossem interrompidos os prazerosos volteios de dedos e mãos, braços e curvas, cotovelo e seio. Ficava inventando assunto para distrair os passageiros, pai, filho e amigo caroneiro.

O coração saltava mais que o jipe *Willys* a cada vez que a irmã do colega, de modo tênue e distraidamente, trazia-me ao encontro de seu corpo, continuando os apertinhos suaves da mão em meus dedos em ligeiríssimos e disfarçados movimentos que impossibilitavam os olhares dos ocupantes do *Willys*, atentos às crateras da estrada.

A proximidade da chegada ao destino aumentava a ousadia no banco traseiro, ambos deixando tocarem-se nossos joelhos e coxas, usufruindo progressiva e gostosamente os solavancos do jipe do pai.

A viagem balançava, uma vez mais, a minha vocação ao trazer-me à vista no banco da igreja, na missa das dez do domingo, a fiel de véu branco cobrindo os cabelos louros, de seio durinho e dedos delicados, do banco detrás do jipe *Willis* na estrada esburacada entre Cachoeiro e a nossa paróquia.

Tua face é como um pedaço de romã debaixo do teu véu (Cânticos, 4-3).

Mesmo após as férias marcadas pela viagem no jipe do pai do diácono, considerava-se, ainda, do grupo dos escolhidos. Perguntava-se, entretanto, por que razão, salvas raras exceções, os colegas que mais admirava por seus méritos intelectuais, morais e religiosos eram, justamente, os que mais iam abandonando, ano após ano, a turma que chegara até ali, depois de pouco mais de nove anos de travessia.

Por que aqueles avaliados como menos capacitados prosseguiam no recebimento das Ordens? Seriam os estranhos desígnios de Deus? Por que os que se destacavam desistiam, entre eles, até alguns que haviam sido selecionados para estudar na Gregoriana, em Roma?

Porque não foste nem frio nem quente, tive vontade de vomitar-te de minha boca – apóstolo João recordando palavras do Mestre, ao admoestar os responsáveis pela Igreja de Laodiceia. *Verba dura!* Sair ou não sair do Seminário começara a ser a questão. Persistir em atender ao chamado de Deus ou recusar-se a escutar a sua voz?

Acaba quando termina

Se no final de uma partida de damas só restarem duas peças, uma preta e outra branca, a regra diz que o jogo empatou. No que estou pensando, agora? Em nada. Quarenta e cinco minutos são a metade de uma partida de futebol. Durante todo esse tempo, vinte e duas pessoas se movimentam, intensamente, em um campo de 115 metros de comprimento por 70 de largura, em torno de uma bola que viaja milhares de quilômetros.

Aqui, o tempo custa a passar. Posso ficar calado o tempo que quiser? Eu sei. É preciso vomitar para não se intoxicar? Já ouvi falar. Existe um cadáver insepulto. A palavra *cadáver* vem do latim *caro data vermibus* – carne dada aos vermes. Sabia? Ela se forma com cada uma das sílabas iniciais de cada vocábulo da frase, *Ca*-*da*-*ver*.

Se os sonhos são meus, devo saber o que significam. São manifestações do inconsciente ou de desejos não realizados. É uma questão de micropolítica do desejo, não é assim? Sonhei que estava no Vaticano, tinham-me escolhido para papa e angustiava-me por não saber o que fazer com minhas mulheres. Quando criança, ficava olhando para os móveis de casa e preocupava-me como faria para comprar tantas mesas, camas e cadeiras quando crescesse. Minha cama ontem quebrou.

Pior é o buraco na parede do corredor do apartamento. Deve ser infiltração, mas também pode ter um significado mais profundo, não? Quem era o velho que estava invadindo o meu sítio no sonho de ontem? Difícil saber. Reza a lenda que o analisando, um dia, tem desejo de transar com a analista, ou vice-versa.

Preciso me apaixonar por alguém, de verdade. Aqui eu posso contar tudo. Ainda bem que não existe pecado do lado de cá do Equador. Culpa existe sempre.

Quando fiz a Primeira Comunhão, tive de me confessar duas vezes, porque me esquecera de arrepender-me dos pecados, embora tenha feito os bons propósitos de não mais pecar.

Hoje, carrego a culpa do mundo.

Propôs técnicas corporais de liberação emocional. De pé, ambos, ela segurava minha mão e eu a dela. Tínhamos de fazer força para um tentar derrubar o outro. Nosso desempenho não durou mais de trinta segundos e fomos parar no chão, estirados sobre o tapete persa que se estendia do divã à cadeira. Ficamos alguns segundos deitados, ofegantes pelo esforço e sem saber como prosseguir. Ou sabíamos e queríamos.

Nossas bocas, lentamente, chegaram-se uma a outra. Minhas mãos buscaram ligeiras as coxas que me acostumara a admirar à pequena distância e que, agora, encontravam-se bem juntas das minhas. Deixou que eu puxasse, delicadamente, suas finas meias, liberando para afagos as lindas pernas imaginadas inatingíveis e, mais que tudo, intangíveis. A calcinha, descida bem devagarzinho, eu trouxe até minha boca, como cãozinho treinado, sentindo a fragrância de peça guardada, cm mcio a sachês de essência delicada, em gaveta cuidadosamente disposta.

Sem falas e sem escuta, desnudada e depositária das minhas fantasias, acolheu meu sêmen liberado de culpa.

Acabou. Nosso tempo terminou.

Gloria in Excelsis

Bem depois da noite no motel *Play Boy*, fui, pela primeira vez, a sua casa.

O porteiro do prédio, entretido com um radinho de pilha, nem se deu conta. Era noite de jogo. O trânsito pegava. O táxi agarrava nos sinais. Levou tempo para chegar ao bairro, à rua e ao prédio. Passara por uma flora e sobraçava um buquê.

No saguão, controlava as luzinhas do elevador indicando os andares pelos quais vinha passando. Do nono – um andar acima ao dela – ao térreo foi uma eternidade. Entrei rápido, apertando o botão do oitavo.

Os pensamentos iam mais depressa que o elevador, com capacidade para seis pessoas ou quatrocentos e vinte quilos, sujeitando os infratores às penalidades da legislação.

Um leve toque na campainha e surgiu toda solta dentro de um largo vestido branco de linhão, com desenhos de céu e sol, nuvem e praia, flor e pássaro, bordados em cores vivas, variadas e fortes.

O sorriso bem aberto começou a ajudar a descompressão e a dúvida de como eu seria recebido. Culpas acumuladas acima da minha elástica capacidade máxima. Um *Ei, moça* e um *Oi, cara* adiantaram a confiança e reforçaram a esperança.

Com um beijo recebeu e agradeceu o buquê de flores, perguntando o que queria beber, já com o tradicional copo de uísque à mão. A resposta foi que queria o mesmo.

Enquanto ela foi até a cozinha buscar gelo, eu me preocupava em ajustar os pensamentos e compassar o ritmo cardíaco docemente acelerado.

– Coloquei três pedras, é assim que você gosta, não é?

– Você sabe, é assim que eu gosto.

Meus olhos passeavam insistentes pelo corpo imaginado sob o vestido de linhão branco, com desenhos de céu e sol, nuvem e praia, flor e pássaro, bordados em cores vivas, variadas e fortes. Tentava capturar a nudez encoberta, sonhada e desejada.

Mais do que recuperar tempos perdidos ou relembrar casos e feitos, idas e voltas, ambos pressentíamos que se tornaria importante para nossas vidas essa noite que, tão rapidamente, levara-nos da sala para o quarto.

Da cama, assistia-a entrar no banheiro e tive enorme vontade de regular as torneiras da ducha. Escutava a água batendo sobre o seu corpo, enquanto o meu, ansioso, aguardava semideitado e recostado ao espaldar do leito.

A saída do banho foi tão comum quanto linda. Uma mulher com toalhas cobrindo o corpo, dos ombros aos joelhos, turbante na cabeça, enxugando, repetida e separadamente, cada uma das faces com as duas mãos. Cena de filme, *Intimidades de uma Paixão.*

Venite Adoremus

Lá estão de novo. Ambos fazendo a cerimônia, um celebrando e o outro pregando. Terminou o tempo litúrgico do Advento. É véspera de Natal. Os cariocas se preparam para comer rabanada na hora da ceia. O Teatro Municipal do Rio de Janeiro está atrás do altar, com as escadarias lotadas de fiéis que se espalham, também, pela avenida Rio Branco e adjacências da Cinelândia.

Estão todos aguardando o início da missa em comemoração do nascimento de Jesus, o menino-deus que será adorado pelo mundo todo até depois de sua morte. A cerimônia será celebrada pelo príncipe da Igreja do Rio de Janeiro e acompanhada do púlpito pelo seminarista que passou raspando no vestibular do cardeal.

O trânsito da avenida Rio Branco está interditado. O *Amarelinho*, do outro lado da praça Floriano, e demais bares cerraram suas portas. Seus frequentadores cederam as calçadas aos fiéis que assistirão à solene missa pontifical. Os vários cinemas que dão nome à praça continuam suas sessões ininterruptas.

Os pombos da Cinelândia voaram para cima dos prédios em busca de seus recônditos refúgios. Por lá ficarão até os primeiros clarões da madrugada, quando voltarão para sujar os passeios e os bancos, depois de comerem o alimento distribuído por anônimas mãos e devorar os restos que serão deixados pelos fiéis da missa de Natal.

A *Schola Cantorum* do Seminário entoa o *Magnificat*, dando a deixa para a entrada triunfal do celebrante, paramentos brancos bordados com fios de ouro, báculo na mão direita, o anel de rubi reluzindo no dedo anular, a cabeça equilibrando a mitra.

O coadjuvante vai traduzindo do latim e explicando aos fiéis o desenrolar do culto. *Subirei ao altar de Deus, do Deus que alegra a minha juventude.* Segura a plateia como os puxadores de samba farão nos desfiles das escolas carnavalescas, dentro de dois meses, próximo dali, na avenida Getúlio Vargas.

Lê a epístola do profeta Isaías sobre a chegada do Messias. O sermão do cardeal falou da pureza da criança nascida na manjedoura, sem ter um pano para lhe cobrir o corpinho no frio de um estábulo, em pleno inverno asiático, na companhia de Maria, a mãe virgem, e de José, o pai adotivo marceneiro.

A voz do acompanhante se espalha pelas caixas de som em diversos pontos da Cinelândia: *Este é o momento culminante da santa missa. O pão se tornará corpo. O vinho se tornará sangue. Pai nosso que estais nos céus, santificado seja o vosso nome, venha a nós o vosso reino etc. etc. etc.*

O cardeal vai dar sua bênção final: *Omnipotens Deus benedicat vos in nomine Patris et Filii et Spiritus Sancti. Amen.*

Vamos, irmãos. A missa acabou.

Fiat Voluntas Mea

Jânio Quadros renunciara no dia 25 de agosto de 1961, Dia do Soldado. Na véspera, havia condecorado com a Ordem do Cruzeiro do Sul o líder da Revolução Cubana, Che Guevara, em visita ao Brasil, três anos após Fidel Castro ter descido de *Sierra Maestra* para derrubar a ditadura de Fulgêncio Batista. O Brasil se agitava, novamente, em uma crise institucional, apenas sete anos após a que se seguira ao suicídio de Getúlio Vargas.

O vice-presidente João Goulart estava de visita à China e os militares pressionavam e conspiravam para que ele não viesse a tomar posse. As ruas se enchiam com as manifestações e Leonel Brizola, governador do Rio Grande do Sul e cunhado do vice-presidente, liderava o movimento pela constitucionalidade e pela posse de Jango.

Os políticos, sob a liderança do deputado federal mineiro Tancredo Neves, procuravam uma solução de compromisso, que acabou por implantar o regime parlamentarista de governo no Brasil.

O ambiente político conturbado invadia o Seminário, onde seminaristas e padres compartilhavam dissensos entre constituição e golpe. Nos intervalos de aulas e ofícios, colavam-se ao rádio em busca das notícias. João Goulart iniciava uma longa viagem de volta ao país, enquanto Jânio Quadros embarcava para o exterior a partir do porto de Santos. O Congresso Nacional aceitara o bilhete da renúncia do presidente Quadros, encerrando um mandato de sete meses, durante o qual ele proibiu brigas de galo, desfiles de *miss* com maiôs cavados e rompeu relações diplomáticas com a União Soviética.

No clima da agitação política nacional em torno da renúncia de um presidente da República, foram vividos os derradeiros dias da crise de uma renúncia particular.

Como recusar a Ordenação e fazer valer a própria vontade. Como conciliar o Jardim Velho com o Jardim das Oliveiras. Como dizer não à mãe, não à santa madre. Como dizer ao pai que não quer mais.

Agora, eu digo não; não, senhor cardeal; não, mãe; não, pai. Não mais direi fiat voluntas tua, *significado supremo de submissão e de renúncia do desejo.*

Meu grito, agora, é fiat voluntas mea, *seja feita a minha vontade. Vou esporear meu cavalo e sair a galope, feliz por não mais me sucumbir à vocação. Vou cantar o meu próprio* Magnificat...

Epístola

Rio de Janeiro, 5 de setembro de 1961

Querida irmã,

Há dois anos, venho rezando muito e estudando seriamente a minha vocação. Passei, durante todo este tempo, períodos difíceis, mas onde só lucrei, tanto para minha vida espiritual como para um enriquecimento da minha personalidade. Não tenho atração para a vida de padre. Aos poucos fui constatando isto. Não seria feliz como padre. E Deus quer, antes de tudo, a nossa felicidade. Agora, pelo que podemos ver, Ele quer que eu O sirva em outro lugar.

A carta para a mamãe vai ao mesmo teor desta. Sei que ela vai sentir tremendamente. Não vou pedir que não fiquem tristes. Mas que não levem esta tristeza ao exagero. Peço apenas uma coisa: compreensão. Aceitem a vontade de Deus, que é nosso Pai, confiem na minha resolução e me ajudem neste grande passo que vou dar. Se é duro para os de casa, creiam que muito mais duro é para mim o rompimento de tantas amarras sociais.

De minha parte não terei dificuldades na nova vida. Dificuldades poderá haver se faltarem o estímulo e o apoio de vocês. Infeliz do padre que o fosse apenas para agradar à família ou para não decepcionar aqueles que nele depositavam confiança.

Estes são os motivos que me levam a dar este passo com coragem e confiança. Reze por mim. Ampare a mamãe se for preciso. Mamãe é muito forte. Não é à toa que ela criou doze filhos. Deus lhe dará força por mais esta provação.

Meus planos mais imediatos: seguir, talvez dia 7, para Belo Horizonte e, lá, ver tudo o que for necessário para o vestibular e a matrícula na Faculdade de Sociologia Política. De posse do material de estudos, pretendo seguir para Miracema, onde ficarei preparando o vestibular.

No ano que vem, vou morar numa pensão, estudar e trabalhar, possivelmente, em algum jornal. Isto é um roteiro em linhas gerais e pode estar sujeito a modificações.

Creio que não tenho mais nada a dizer. Se eu ficar mais tempo no Seminário, não estarei sendo sincero comigo mesmo.

Um abraço para você e todos de casa.

A carta para a irmã mais velha, datilografada na máquina Remington, resume decisões, sentimentos e dificuldades dos últimos dias no Rio Comprido, interrompendo, já quase chegando ao final, a viagem iniciada no cortejo da rua Dr. Chacon, sem número e sem calçamento, qual estrada de terra, na manhã de uma quarta-feira de março, havia nove anos e seis meses.

Após a missa das dez, na igreja matriz de Nossa Senhora da Penha, a família foi reunida na sala de visitas, o pai, a mãe e alguns irmãos; os demais já tinham partido para o mundo.

Quem foi designado para comunicar a anunciação da renúncia do filho para a mãe foi o vigário, que se fazia acompanhar pelo médico da família. Este mal teve tempo de ampará-la quando, antes de cair desmaiada, gritou desesperada que sua vida tinha acabado, que Deus a abandonara, seu filho não poderia ter feito aquilo, estava tudo sendo preparado para a Ordenação, o cálice fora encomendado junto com a casula e os paramentos para a primeira missa na igreja matriz.

Deus, Deus meu, por que me abandonastes?

Crepúsculo e aurora

Noite de fim de inverno no Rio de Janeiro, antevéspera da comemoração do Dia da Independência do Brasil, nove anos e seis meses após a partida do Jardim Velho, da rua Dr. Chacon, em Alegre.

Passara o dia às voltas com a arrumação das malas, cabendo em uma delas seus poucos pertences. Os livros e, entre eles, a coleção da *Summa Teológica* de Santo Tomás de Aquino, viria buscar posteriormente. Deixou-os em uma grande mala no sótão do edifício, devidamente etiquetada com seu nome e seu número.

Largou a batina preta e surrada dependurada em um cabide no armário vazio do quarto de teólogo que ocupara nos últimos nove meses, no sexto andar do prédio cinza, com a frente voltada para a avenida Paulo de Frontin.

Quatro colegas da Teologia acompanharam os passos do último ato descendo, silenciosos e juntos, os sessenta e dois degraus até a portaria.

A avenida Paulo de Frontin estava tranquila e poucos casais namoravam junto às árvores do passeio.

O saguão onde aguardava o táxi o fazia lembrar-se da chegada ali, na companhia do pai. Eram pesados os pensamentos e as sensações que carregava junto com a mala. Os colegas o abraçaram desejando boa sorte e que mandasse notícias.

Fez-se um pesado silêncio. O morro do Sumaré, atrás do Seminário, estava escuro e não se podia avistar a casa do cardeal, lá no alto, com as luzes apagadas.

O táxi o deixou no formigueiro de gente, partindo e chegando, na estação rodoviária da praça Mauá. Desta vez, não tomaria o ônibus da Viação Itapemirim para Cachoeiro. A viagem era pela Viação Cometa e o destino Belo Horizonte. A poltrona era a de número seis, janela. Não retornaria para o Espírito Santo. Ia pegar outra estrada na sua vida. A paisagem através da vidraça vinha voando de frente e tão depressa quanto seus pensamentos.

O rio Comprido desapareceu sob o viaduto. De verdade, permanece debaixo de névoas memoriais que, na medida em que vão sendo baixadas, liberam passagens e paisagens, quais estradas de terra, claras à luz do sol e impenetráveis ante o verde-escuro cerrado ao cair da noite.

Como vim parar aqui? Como fui parar lá?

O divã compõe o cenário de recordações de acontecimentos encobertos e dolorosos de revelar, de coisas passadas, sofridas e ignoradas desde sempre, de representações difíceis de decifrar.

Era proibido falar.

O rio Comprido está em silêncio. Silêncio na igreja. Silêncio no tribunal. Silêncio em casa.

...

Post scriptum:

"A dor não tem história, ou melhor, a dor está fora da história, porque se situa em uma realidade paralela onde nada mais existe. A dor não tem compromissos políticos; a dor não é conservadora, não é liberal, não é católica. A dor apaga tudo."

(Juan Gabriel Vásquez, escritor colombiano, em *História secreta de Costaguana*, Ed. Alfaguara, 2007.)

POSFÁCIO

O pontificado do papa Francisco vem recebendo considerável quantidade de denúncias de abuso sexual por padres e de acobertamentos pela alta hierarquia da Igreja Católica em várias partes do mundo. Em reunião com vítimas de abuso durante o Encontro Mundial das Famílias, em Dublin, em 25/8/2018, Francisco chegou a reconhecer, publicamente, sua vergonha e sofrimento com o fracasso das formas de combate aos abusos na Irlanda, onde 14.500 pessoas se declararam vítimas.

Em outubro do mesmo ano, o pontífice aceitou a renúncia do cardeal norte-americano Douglas Werl, arcebispo de Washington, suspeito de centenas de acobertamentos. Um relatório do grande júri dos Estados Unidos identificou mil vítimas de cerca de trezentos padres. O cardeal Werl, quando bispo de Pittsburgh (1988-2006), já era acusado de encobrir escândalos sexuais. No mesmo mês e ano, o papa Francisco, em audiência no Vaticano, com o presidente chileno Sebastián Piñera, anunciou a expulsão do estado clerical dos bispos Francisco José Cox Huneeis e Marco Antônio Ordenes Fernandez, por atos de abusos de menores.

Na França, um abaixo-assinado com mais de cem mil assinaturas, liderado pelo padre Pierre Vignon, lotado, há trinta e oito anos, na diocese de Valence, pediu a renúncia do cardeal Philippe Barbarin, arcebispo de Lyon, acusado de acobertar casos de pedofilia envolvendo quatro sacerdotes. Segundo o padre Vignon, *os crimes podiam estar prescritos, mas não a dor das vítimas*.

Na Holanda, o jornal *NRC Handelsblad* informa que vinte dos trinta e nove bispos e cardeais do país, entre 1945 e 2010, ocultaram agressões sexuais cometidas em suas circunscrições religiosas. A gravidade e a extensão levaram o papa Francisco a criar a Comissão Pontifícia para a Proteção de Menores. Estavam previstos, para abril de 2019, em Aparecida (SP), treinamentos e seminários de uma semana sobre o tema. Em entrevista ao site *Vatican News*, o cardeal Sean O'Malley, presidente da comissão criada pelo papa Francisco, disse que *é crucial que as pessoas entendam quão importante é para a Igreja responder de forma rápida e correta às denúncias*.

Este livro foi composto em Meridien
e impresso em papel Chambril Avena 90g/m² (miolo)
e Cartão 250g/m² (capa), no outono de 2019.